世界

伊索寓言

原著 / 伊索［古希腊］

FABLES OF AESOP

云南出版集团公司
云南教育出版社

推荐序 | RECOMMENDATION

童年的伙伴，一生的财富

好的文学作品对人的影响弥足珍贵，尤其对成长中的儿童来说，这些蕴含丰富思想内容的传世杰作对他们的一生都具有难以取代的教育意义。

本套儿童彩图注音版的“世界经典文学名著宝库Classics”系列，精心挑选了30部在世界上影响巨大的文学巨著。长期以来，这些名家名作被翻译成各国文字，在世界各地广为流传，受到了各国儿童的欢迎和喜爱。中国古典四大名著让孩子们充分感受中华传统文化的无穷魅力；《安徒生童话》带领孩子们遨游绮丽多姿的童话王国；《木偶奇遇记》让孩子和匹诺曹一起体验成长的喜怒哀乐；《钢铁是怎样炼成的》则向孩子们展示了一个青年在战火纷飞的激情年代坎坷而壮丽的一生……这些经典作品无一不将想象力、创造力发挥到极致，开阔了孩子们的视野，感染着他们的心灵……

就让孩子们从这里走近经典，让经典伴随他们快乐成长。

世界儿童基金会　林春雷

感受文学名著的永恒魅力

经典文学名著是历经时间考验的。它们凝聚着人类的智慧和情感，同时又反过来对人类的思想和情感产生巨大的影响。伟大的文学名著没有国界，它们是全人类共同的精神财富。

这套书所包含的30部作品，每一部都赫赫有名，每一部都是世界文学史上登峰造极的经典，涵盖了不同时代、不同国家、不同作家的优秀代表作。同时它们又是最适合儿童阅读的作品，是世界各国少年儿童最好的精神食粮。

考虑到小读者的年龄特点，编者为所有作品都配上了精美的插图，这些插图大都出自优秀的儿童文学插图画家，可以让孩子更好地领略原著的风貌。透过这些作品，小读者不仅能够真切地感受到各个国家和民族优秀的历史、文化遗产，而且还能感染到人类最高尚的情感和最珍贵的品质，这些必将对他们的一生产生重要的积极影响。

中国儿童教育研究所　陈勉

FOREWORD 前言

《伊索寓言》相传由一名奴隶“伊索”创作，又经后人整理完成，是世界上最古老、最有影响力的寓言集。

书中收录了大量短小精悍、寓意深刻的民间故事。故事的主人公多为动物，加上大量比喻的使用，风趣幽默地刻画了许许多多深入人心的动物形象：诡计多端的狐狸、恩将仇报的蛇、自作聪明的驴子、贪心不足的青蛙……极富童趣的表现方式让人觉得亲切，非常适合孩子阅读。更重要的是这些小故事都是当时人们生活经验的艺术化总结，其中蕴涵了丰富的人生哲理。

本书精选《伊索寓言》中的经典名篇，并加注拼音，让孩子在阅读过程中体会真理、美德、智慧，认识谎言、贪婪、自私。书中手绘图美轮美奂，构思别具匠心，艺术地呈现了经典场景，还原了精彩情节，让孩子充分领略到寓言的魅力，收获值得孩子一生铭记的道理。

WORLD FAMOUS CLASSICAL LITERATURE

• 世界经典文学名著宝库 •

目录 · 伊索寓言 ·
CONTENTS

• 10~25

• 26~41

•42～61

•62～79

目录 • 伊索寓言 •
CONTENTS

• 80~91

• 92~111

•112~129

•130~143

报恩的蚂蚁

一只蚂蚁不小心掉进了河里，他不会游泳，连着呛了好几口水。一只鸽子看到溺水的蚂蚁，赶紧啄起一片树叶，丢到了蚂蚁身边。蚂蚁抓着树叶爬到了岸边，向鸽子连声道谢。

过了几天，蚂蚁又路过这条小河。他看到一个猎人正弯弓搭箭，瞄准树上的鸽子。蚂蚁急中生智，爬到猎人的脚上狠狠地咬了一口。结果，猎人的箭射偏了！鸽子拍着翅膀飞走了。小蚂蚁终于用自己的方式回报了鸽子的救命之恩。

猎人被蚂蚁咬了一口，没有射中鸽子。

běi fēng hé tài yáng
北风和太阳

běi fēng xiàng tài yáng fā qǐ tiǎo zhàn tā tí yì shuō wǒ men shuí néng
北风向太阳发起挑战，他提议说：“我们谁能
ràng xíng rén xiān bǎ yī fu tuō xià lái shuí jiù huò shèng tài yáng shuō hǎo
让行人先把衣服脱下来，谁就获胜。”太阳说：“好，
nǐ xiān lái ba yú shì běi fēng jiù měng liè de guā qǐ lái zhǐ jiàn lù
你先来吧！”于是，北风就猛烈地刮起来。只见路
shang xíng rén fēn fēn bǎ yī fu guǒ de gèng jǐn cōng cōng máng máng de gǎn lù
上行人纷纷把衣服裹得更紧，匆匆忙忙地赶路。

běi fēng yǐ wéi fēng lì bú gòu dà jiù gǔ qǐ sāi bāng zi měng chuī nǎ
北风以为风力不够大，就鼓起腮帮子猛吹。哪
zhī xíng rén lěng de sè sè fā dǒu yòu chuān le gèng duō
知行人冷得瑟瑟发抖，又穿了更多
de yī fu zhè shí tài yáng chū lái le xíng rén
的衣服。这时，太阳出来了，行人
men yuè lái yuè rè kāi shǐ yí jiàn jiàn de tuō xià yī
们越来越热，开始一件件地脱下衣
fu běi fēng zhōng yú rèn shū le
服。北风终于认输了。

由于太阳炙烤着大地，行人越来越热，衣服越脱越少。

chán yǔ hú li
蝉与狐狸

sēn lín li yǒu yì kē gāo dà de shù, chán zhù zài zhè kē dà shù de shù gàn shang。zài yí gè yán rè de xià tiān, chán zuò zài dà shù de yīn liáng chù kuài lè de chàng zhe gē。zhè shí, yì zhī jī è de hú li cóng shù xià lù guò, tīng dào chán de gē shēng, hú li de kǒu shuǐ yí xià zi liú le chū lái。

森林里有一棵高大的树，蝉住在这棵大树的树干上。在一个炎热的夏天，蝉坐在大树的阴凉处快乐地唱着歌。这时，一只饥饿的狐狸从树下路过，听到蝉的歌声，狐狸的口水一下子流了出来。

蝉坐在树顶快乐地唱歌。

yú shì, hú li tíng xià jiǎo bù, kuài bù zǒu dào shù qián, zhuāng chū yí fù tǎo hǎo de yàng zi duì chán shuō:"qīn ài de chán xiān sheng, yuán lái shì nín zài chàng gē ya, guài bù dé shēng yīn zhè me hǎo tīng ne, zhè zhēn shì wǒ tīng guò de zuì dòng tīng de gē shēng le!"

于是，狐狸停下脚步，快步走到树前，装出一副讨好的样子对蝉说："亲爱的蝉先生，原来是您在唱歌呀，怪不得声音这么好听呢，这真是我听过的最动听的歌声了！"

tīng wán hú li gōng wéi de huà, chán zhǐ shì lěng lěng de shuō le yí jù:"xiè xie la!" hú li jiē zhe shuō:"kě yí hàn de shì, suī rán wǒ yì zhí dōu hěn zūn jìng nín, què méi yǒu jī huì jiàn dào nín de miàn mù, néng bù néng

听完狐狸恭维的话，蝉只是冷冷地说了一句："谢谢啦！"狐狸接着说："可遗憾的是，虽然我一直都很尊敬您，却没有机会见到您的面目，能不能

qǐng nín xià lái ràng wǒ hǎo hāo er xiàng nín biǎo dá wǒ de jìng yì ne
请您下来，让我好好儿向您表达我的敬意呢？”

chán zǎo jiù kàn pò le hú li de guǐ jì yú shì tā yì biān dā
蝉早就看破了狐狸的诡计。于是，他一边答
ying yì biān zhāi xià yí piàn shù yè rēng le xià qù shù yè luò xià shí hú
应，一边摘下一片树叶扔了下去。树叶落下时，狐
li yǐ wéi shì chán fēi xià lái le biàn zhāng kāi dà zuǐ měng pū guò qù děng tā
狸以为是蝉飞下来了，便张开大嘴猛扑过去，等他
zhuā qǐ lái yí kàn cái zhī dào zì jǐ shàng dàng le
抓起来一看，才知道自己上当了。

chán kàn le kàn hú li xiào zhe shuō nǐ zhè
蝉看了看狐狸，笑着说：“你这
gè huài jiā huo nǐ yǐ wéi wǒ huì xiāng xìn
个坏家伙，你以为我会相信
nǐ de huā yán qiǎo yǔ
你的花言巧语
ma gào su nǐ ba
吗？告诉你吧，
zì cóng zài nǐ de fèn biàn li
自从在你的粪便里
jiàn dào tóng bàn men de chì bǎng hòu wǒ jiù zhī
见到同伴们的翅膀后，我就知
dào yīng gāi shí kè dī fang nǐ le
道应该时刻提防你了！”

蝉扔下一片树叶，狐狸以为蝉飞下来了，一下子就把它抓住了。

蝉与蚂蚁

炎热的夏天到了，蝉躲在树梢的阴凉处，悠闲地唱着歌，“知了——知了”。就在这时，他发现从远处的小路上走过来几只小蚂蚁，每只蚂蚁的背上都背着一个大口袋。

蝉觉得非常好奇，他低下头问道：“小蚂蚁，这么热的天气，你们干什么去了？”蚂蚁们停下脚步，一只小蚂蚁抬起头说：“我们正准备过冬的粮食呢！”“什么？准备过冬的粮食？”蝉一听忍不住大笑起来，“现在才夏天，还早呢！先歇歇吧！像我这样唱唱歌，多好啊！”

勤劳的蚂蚁刚到夏天就开始准备过冬的粮食。

tīng le chán de huà xiǎo mǎ yǐ rèn zhēn de shuō xiàn zài zuò hǎo zhǔn
听了蝉的话，小蚂蚁认真地说：“现在做好准
bèi dào shí hou cái bú huì zháo jí a shuō wán tā men jiù jí jí máng
备，到时候才不会着急啊！”说完，他们就急急忙
máng de zǒu le
忙地走了。

zhēn shì yì qún shǎ jiā huo kàn zhe xiǎo mǎ yǐ de bèi yǐng chán
“真是一群傻家伙！”看着小蚂蚁的背影，蝉
bú xiè de shuō rán hòu yòu chàng qǐ gē lái
不屑地说，然后又唱起歌来。

yì zhuǎn yǎn shù yè huáng le tiān yuè lái yuè lěng guā qǐ le cì gǔ
一转眼，树叶黄了，天越来越冷，刮起了刺骨
de hán fēng dōng tiān dào le xiǎo dòng wù men dōu duǒ jìn le wēn nuǎn de jiā li
的寒风，冬天到了！小动物们都躲进了温暖的家里。
kě chán què shòu kǔ le yīn wèi zhǐ gù zhe chàng gē tā shén me liáng shi yě méi
可蝉却受苦了，因为只顾着唱歌，他什么粮食也没
zhǔn bèi chán yòu lěng yòu è zhǐ hǎo lái dào xiǎo mǎ yǐ de dòng kǒu xiǎng xiàng
准备。蝉又冷又饿，只好来到小蚂蚁的洞口，想向
xiǎo mǎ yǐ tǎo diǎn er chī de
小蚂蚁讨点儿吃的。

xiǎo mǎ yǐ xiào zhe shuō chán xiān sheng dāng wǒ men xīn
小蚂蚁笑着说：“蝉先生，当我们辛
qín láo dòng de shí hou nǐ què máng zhe chàng gē xiàn zài zhī dào
勤劳动的时候，你却忙着唱歌，现在知道
ái è le ba shuō wán tā jiù pēng de yì
挨饿了吧！”说完，他就“砰”的一
shēng guān shàng le dà mén
声关上了大门。

饥饿的蝉找不到食物，只好向蚂蚁乞讨。

chí táng li de qīng wā
池塘里的青蛙

chí táng li yǒu liǎng zhī qīng wā yǒu yì nián tiān qì tè bié rè chí táng
池塘里有两只青蛙。有一年天气特别热，池塘
gān hé le liǎng zhī qīng wā bù dé bù lí kāi nà lǐ qù xún zhǎo xīn de zhù chù
干涸了，两只青蛙不得不离开那里，去寻找新的住处。

zhè yì tiān tā men lái dào yì tiáo xiǎo lù shang zài lù biān fā xiàn le
这一天，他们来到一条小路上，在路边发现了
yì kǒu jǐng jǐng hěn shēn yì zhī qīng wā bǎ tóu tàn jìn jǐng li a hǎo
一口井，井很深。一只青蛙把头探进井里，啊！好
liáng kuai a yú shì tā pò bù jí dài de xiǎng tiào xià qù
凉快啊！于是，他迫不及待地想跳下去。

lìng yì zhī qīng wā lā zhù le tā tiān qì zhè me gān hàn yào shì
另一只青蛙拉住了他：“天气这么干旱，要是
jǐng lǐ de shuǐ yě gān le wǒ men jiù zhǐ yǒu děng sǐ le yú shì tā
井里的水也干了，我们就只有等死了！”于是，他
men yòu jì xù xiàng qián zǒu qù méi guò duō jiǔ yì tiáo kuān kuò de hé chū xiàn
们又继续向前走去。没过多久，一条宽阔的河出现
zài tā men miàn qián tā men zhōng yú zhǎo dào
在他们面前，他们终于找到
xīn jiā le
新家了！

一只青蛙迫不及待地想跳进井里，但是朋友却拉住了他。

chuī xiāo de yú fū

吹箫的渔夫

yǒu yí ge huì chuī xiāo de yú fū shí shí kè kè dōu dài zhe tā de bǎo bèi
有一个会吹箫的渔夫，时时刻刻都带着他的宝贝
xiāo yì tiān tā dài zhe xiāo hé yú wǎng lái dào hǎi biān bǔ yú tā zhàn zài
箫。一天，他带着箫和渔网来到海边捕鱼。他站在
hǎi biān de yán shí shang chuī qǐ xiāo lái
海边的岩石上，吹起箫来。

tā xiǎng yú tīng dào zhè měi miào de yīn yuè yí dìng huì zì dòng tiào dào tā
他想，鱼听到这美妙的音乐一定会自动跳到他
de miàn qián lái kě tā chuī le hǎo jiǔ què méi jiàn yì diǎn dòng jing yú fū zhǐ
的面前来。可他吹了好久，却没见一点动静。渔夫只
hǎo jiāng xiāo fàng xià ná qǐ wǎng lái xiàng shuǐ li sā qù jié guǒ bù yí huì er
好将箫放下，拿起网来，向水里撒去，结果不一会儿
biàn bǔ dào le xǔ duō yú tā jiāng wǎng zhōng de yú yì tiáo tiáo rēng dào àn shang
便捕到了许多鱼。他将网中的鱼一条条扔到岸上，
bào yuàn dào wǒ chuī xiāo shí nǐ men
抱怨道：“我吹箫时，你们
bú tiào wǔ xiàn zài wǒ bù chuī
不跳舞。现在我不吹
le nǐ men dào tiào le qǐ lái
了，你们倒跳了起来，
zhēn shì bù zhī hǎo dǎi
真是不知好歹！”

渔夫一边扔鱼，一边抱怨它们不懂欣赏音乐。

cōng míng de gōng jī
聪明的公鸡

gǒu hé gōng jī shì hǎo péng you zhè yì tiān tā men liǎng gè jié bàn wài chū yóu wán dào le wǎn shang gōng jī tiào dào shù zhī shang qī xī gǒu jiù zài xià miàn de shù dòng li shuì jiào
狗和公鸡是好朋友。这一天，他们两个结伴外出游玩。到了晚上，公鸡跳到树枝上栖息，狗就在下面的树洞里睡觉。

dì èr tiān tiān gāng liàng gōng jī jiù shuì xǐng le tā xiàng wǎng cháng yí yàng ō ō ō de jiào le qǐ lái zhèng hǎo yì zhī hú li cóng fù jìn jīng guò tīng dào gōng jī de jiào shēng tā de kǒu shuǐ yí xià zi liú le xià lái zhè kě shì yí dùn měi cān a
第二天天刚亮，公鸡就睡醒了，他像往常一样“喔喔喔”地叫了起来。正好一只狐狸从附近经过，听到公鸡的叫声，他的口水一下子流了下来，这可是一顿美餐啊！

yú shì hú li kuài bù zǒu dào shù xià zhuāng chū yí fù qīn rè de yàng zi duì
于是，狐狸快步走到树下，装出一副亲热的样子对

天亮了，公鸡像往常一样打鸣。

gōng jī shuō gōng jī lǎo dì yuán lái
公鸡说："公鸡老弟，原来

shì nǐ zài chàng gē ya guài bù dé
是你在唱歌呀，怪不得

zhè me dòng tīng wǒ zhēn shì tài ài
这么动听！我真是太爱

tīng le qǐng nǐ xià lái wǒ men hé chàng yì zhī
听了，请你下来，我们合唱一支

xiǎo yè qǔ ba
小夜曲吧。"

gōng jī zhī dào hú li xiǎng chī tā jiù jiǎ zhuāng kè qì de shuō
公鸡知道狐狸想吃他，就假装客气地说：

hǎo ba bú guò wǒ hái yǒu gè péng you tā de shēng yīn bǐ wǒ de dòng
"好吧，不过我还有个朋友，他的声音比我的动

tīng duō le tā jiù zhù zài xià miàn
听多了。他就住在下面

de shù dòng li má fán nǐ jiào
的树洞里，麻烦你叫

xǐng tā zán men yì qǐ
醒他，咱们一起

chàng ba
唱吧。"

聪明的公鸡识破了狐狸的诡计。

tīng le gōng jī
听了公鸡

de huà hú li gāo
的话，狐狸高

xìng huài le gōng jī de péng you kěn dìng yě shì yì zhī jī kàn lái jīn
兴坏了："公鸡的朋友？肯定也是一只鸡！看来今

tiān wǒ yǒu kǒu fú le hú li lì kè qù jiào mén zhè shí dòng li de gǒu
天我有口福了。"狐狸立刻去叫门，这时，洞里的狗

tū rán tiào chū lái yǎo le tā yì kǒu hú li tòng de wā wā dà jiào láng
突然跳出来，咬了他一口。狐狸痛得哇哇大叫，狼

bèi de táo zǒu le
狈地逃走了。

duàn wěi de hú li

断尾的狐狸

yì zhī hú li zhòng le liè rén de quān tào wěi ba bèi bǔ shòu qì jiā
一只狐狸中了猎人的圈套，尾巴被捕兽器夹
duàn le tā kàn zhe zì jǐ de tū wěi ba jué de diū rén jí le zhè yàng
断了。他看着自己的秃尾巴，觉得丢人极了，这样
zi zěn me qù jiàn rén a wèi cǐ hú li jiǎo jìn nǎo zhī zhōng yú xiǎng chū
子怎么去见人啊？为此，狐狸绞尽脑汁，终于想出
le yí gè bàn fǎ
了一个办法。

yì tiān tā zhào jí qǐ suǒ yǒu de tóng bàn zhuāng chū yí fù zhèng zhòng
一天，他召集起所有的同伴，装出一副郑重
qí shì de yàng zi duì dà jiā shuō péng you men wǒ gōng bù yí gè zhòng dà
其事的样子对大家说：“朋友们，我公布一个重大
fā xiàn jīng guò wǒ duō nián yán jiū wǒ fā
发现。经过我多年研究，我发
xiàn wǒ men de wěi ba shì gè zuì dà de
现我们的尾巴是个最大的

狐狸把大家召集到一起，企图让其他狐狸也去掉尾巴。

累赘。所以，请割掉你们的尾巴吧，它对我们实在没有任何好处！笨重难看不说，更严重的是，如果我们遇到什么危险，拖着这么个大家伙，根本就跑不快！你们看看我，现在已经把尾巴割断了。这多好啊！一点儿累赘都没有，要多轻便有多轻便！”说完，他还得意地晃了晃自己的秃尾巴。

狐狸的计谋被戳穿了，他只能坐在那里傻傻地发呆。

这时，一只狐狸站出来说：“你说得不错，可如果这件事儿对你没有任何好处，你是不会这样费尽心思来劝说我们的吧？你这样做，无非是想掩饰你的缺点罢了！”

这番话一针见血地戳穿了断尾巴狐狸的谎话。众狐狸听了纷纷点头，他们鄙视地瞅了断尾巴狐狸一眼后，头也不回地结伴走了。只剩下那只断尾的狐狸，坐在那儿傻傻地发呆。

fù zǐ tái lǘ
父子抬驴

yǒu yì tiān，yí gè xiāng xia de mò fáng zhǔ hé tā ér zi gǎn zhe lǘ
有一天，一个乡下的磨坊主和他儿子赶着驴
zi dào lín cūn de shì chǎng qù mài
子到邻村的市场去卖。

tā men méi zǒu duō yuǎn，kàn jiàn yì qún fù nǚ zhèng jù jí zài jǐng biān
他们没走多远，看见一群妇女正聚集在井边
liáo tiān。qí zhōng yí gè fù nǚ shuō：“kàn na！yǒu rén qiān zhe lǘ bù
聊天。其中一个妇女说：“看哪！有人牵着驴不
qí，què zài dì shang zǒu！”shuō wán tā men dōu xiào le qǐ lái。lǎo rén gǎn
骑，却在地上走！”说完她们都笑了起来。老人赶
kuài jiào ér zi qí shàng lǘ。bù jiǔ，yí wèi lǎo rén jiàn
快叫儿子骑上驴。不久，一位老人见
dào fù zǐ liǎ，zhǐ zé dào：“hái zi qí
到父子俩，指责道：“孩子骑

磨坊主和他的儿子赶着驴子去集市卖，遭到一群妇女的嘲笑。

zài lǘ bèi shang què ràng fù qīn zǒu lù zhēn bú xiào lǎo rén lián máng
在驴背上，却让父亲走路，真不孝。”老人连忙
jiào ér zi xià lái zì jǐ qí le shàng qù
叫儿子下来，自己骑了上去。

tā men méi zǒu duō yuǎn yòu yù jiàn yì qún xiǎo gū niang yí gè gū
他们没走多远，又遇见一群小姑娘。一个姑
niang dà jiào dào nǐ zhè lǎo tóu er zěn me néng rěn xīn zì jǐ qí zài lǘ bèi
娘大叫道：“你这老头儿怎么能忍心自己骑在驴背
shang què ràng hái zi zài dì xià pǎo a mò fáng zhǔ lì kè yòu jiào ér zi
上，却让孩子在地下跑啊？”磨坊主立刻又叫儿子
zuò zài tā de hòu miàn liǎng rén tóng qí yì tóu lǘ
坐在他的后面，两人同骑一头驴。

kuài dào shì chǎng shí yí wèi shēn shì chōng fù zǐ liǎ hǎn dào tiān na
快到市场时，一位绅士冲父子俩喊道：“天哪！
nǐ men jìng rán ràng zhè kě lián de dòng wù fù dān nà me zhòng zhè xià fù
你们竟然让这可怜的动物负担那么重！”这下父
zǐ liǎ méi zhé le tā men gān cuì tiào xià lǘ bèi jiāng lǘ zi de tuǐ kǔn zài
子俩没辙了，他们干脆跳下驴背，将驴子的腿捆在
yì qǐ yòng yì gēn mù gùn káng zhe lǘ zi zǒu
一起，用一根木棍扛着驴子走。

jiù zhè yàng fù zǐ liǎ tái zhe huó lǘ lái dào shì chǎng zhè
就这样，父子俩抬着活驴来到市场，这
xià suǒ yǒu rén dōu zhǐ zhe tā men hā hā dà xiào qǐ lái
下所有人都指着他们哈哈大笑起来。

人们对抬着驴走在桥上的父子俩指指点点，纷纷嘲笑这对父子的愚蠢行为。

gōng jī hé bǎo yù
公鸡和宝玉

yì zhī gōng jī zài tián yě li xún zhǎo mài zi chī zhǎo le bàn tiān yě
一只公鸡在田野里寻找麦子吃，找了半天也
méi zhǎo dào yí lì hū rán gōng jī fā xiàn bù yuǎn chù hǎo xiàng yǒu ge dōng
没找到一粒。忽然，公鸡发现不远处好像有个东
xi tā gāo xìng de pǎo guò qù què fā xiàn shì yí kuài bǎo yù
西，他高兴地跑过去，却发现是一块宝玉。

bǎo yù gāo xìng jí le gǎn jǐn dǎ zhāo hu gōng jī dà gē wǒ shì
宝玉高兴极了，赶紧打招呼：“公鸡大哥，我是
hěn yǒu jià zhí de nǐ bǎ wǒ dài dào chéng li kě yǐ mài ge hǎo jià qián
很有价值的，你把我带到城里，可以卖个好价钱
ne gōng jī què hěn shī wàng tā duì bǎo yù shuō yào shi rén zhǎo dào
呢！”公鸡却很失望，他对宝玉说：“要是人找到
nǐ tā men huì fēi cháng zhēn xī de bǎ nǐ shōu cáng dàn duì wǒ lái shuō nǐ
你，他们会非常珍惜地把你收藏。但对我来说你
yòu yǒu shén me yòng ne duì wǒ lái shuō
又有什么用呢？对我来说，
yǔ qí dé dào shì jiè shang suǒ yǒu de
与其得到世界上所有的
bǎo yù hái bù rú dé dào yí
宝玉，还不如得到一
lì mài zi shuō wán gōng jī
粒麦子。”说完，公鸡
jiù lí kāi bǎo yù jì xù zhǎo
就离开宝玉继续找
mài zi qù le
麦子去了。

看到宝玉，公鸡没有一丝喜悦，因为他真正需要的是麦子。

gōng niú yǔ yě shān yáng
公牛与野山羊

yǒu yì tiān yì tóu zhèng bèi shī zi zhuī gǎn de gōng niú kàn jiàn qián miàn yǒu ge shān dòng jiù fēi kuài de táo le jìn qù shī zi jiàn shān dòng tài hēi bù gǎn mào rán jìn qù zhǐ hǎo shǒu zài dòng wài děng zhe gōng niú chū lái

有一天，一头正被狮子追赶的公牛看见前面有个山洞，就飞快地逃了进去。狮子见山洞太黑，不敢贸然进去，只好守在洞外，等着公牛出来。

野山羊以为公牛好欺负，对他一点儿都不客气。可怜的公牛只好忍气吞声，因为他要躲避狮子的追赶。

dòng li zhù zhe yì qún yě shān yáng tā men fēi cháng zì sī duì zhè wèi bì nàn de péng you yì diǎn yě bù yǒu hǎo tā men bù tíng de duì gōng niú yòu tī yòu dǐng xiǎng bǎ tā hōng chū qù gōng niú rěn zhe téng tòng duì yě shān yáng shuō wǒ zhī suǒ yǐ néng rěn shòu nǐ men de qī fu bìng bú shì hài pà nǐ men ér shì hài pà nà shǒu zài dòng kǒu de shī zi děng shī zi zǒu le wǒ jiù ràng nǐ men qiáo qiao wǒ gōng niú de lì hai

洞里住着一群野山羊。他们非常自私，对这位避难的朋友一点也不友好。他们不停地对公牛又踢又顶，想把他轰出去。公牛忍着疼痛对野山羊说：“我之所以能忍受你们的欺负，并不是害怕你们，而是害怕那守在洞口的狮子。等狮子走了，我就让你们瞧瞧我公牛的厉害！”

狗和他的影子

有一只狗从肉店偷了一块肉，他叼着那块肉，一溜烟地往远处跑去，想找个隐蔽的地方好好儿享用一番。

当狗路过小河时，他无意中低头一看，发现河里还有一只狗，嘴里也叼着一块肉，看起来比他的那块大多了。

狗心想：“要是能把那块肉抢过来，不就能美美地吃上两顿了吗？”于

有只狗嘴里叼着一块肉，但他并不满足，还想得到水里的那块肉。

是，他瞪大眼睛、龇起牙，装出一副凶狠的样子朝水里望去。可没想到，水里那只狗也瞪大眼睛，龇起牙，样子比他还凶恶。

狗不但没抢到水里的肉，就连原来的肉也不见了踪影，只好垂头丧气地走了。

这只狗气坏了，他汪汪汪地朝水里那只狗咆哮起来。可他刚一张嘴，肉就掉进了河里。但这只狗一点儿也没有发觉，他扑通一声跳进河里，想和那只狗争个高下。

谁知，等他跳进去才发现，水里什么也没有，那只狗只不过是他的影子罢了。湿淋淋的狗好不容易爬上岸，回头再找自己的那块肉却怎么也找不到了。狗懊悔极了，刚才真不该去和水里的那只狗抢肉。这下子，自己不但没有抢到肉，连嘴里那块肉也不知被河水冲到哪里去了。

guī tù sài pǎo

龟兔赛跑

tù zi pǎo de hěn kuài shí fēn jiāo ào ér wū guī pá
兔子跑得很快，十分骄傲，而乌龟爬
de hěn màn cháng cháng zāo dào tù zi de cháo xiào yì tiān jī
得很慢，常常遭到兔子的嘲笑。一天，机
ling de xiǎo hóu zi xiǎng le yí ge zhǔ yi ràng pǎo de zuì kuài de
灵的小猴子想了一个主意，让跑得最快的
tù zi hé zǒu lù màn tūn tūn de wū guī lái yì chǎng sài pǎo
兔子和走路慢吞吞的乌龟来一场赛跑。
zhè zhǔ yi zhèng zhòng wū guī xià
这主意正中乌龟下
huái tā cái bù fú tù zi ne
怀，他才不服兔子呢！
bǐ sài kāi shǐ le tù zi xiàng
比赛开始了，兔子像
lí xián de jiàn yí yàng fēi pǎo chū qù
离弦的箭一样飞跑出去，
bǎ wū guī yuǎn yuǎn dì là zài
把乌龟远远地落在

兔子跑到半山腰，看不到乌龟，
就靠在树上呼呼大睡起来。

了后面。

功夫不负有心人，乌龟经过努力，居然赢了兔子。

兔子来到半山腰，回头看了看，根本就望不到乌龟的影子，他心里暗自好笑：“哼，想和我比？真是自不量力！我先睡会觉吧，反正那家伙一时半会也追不上来。”于是，他靠在一棵大树上睡起觉来。

乌龟动作虽慢，可一点也不懈怠，一步一步向前爬着。渐渐地，他爬上了半山腰。他看到兔子躺在那儿呼呼大睡，就趁机超过了他。爬呀爬呀，乌龟已经把睡大觉的兔子甩到后面很远了。爬呀爬呀，他快接近终点了！

兔子一觉醒来，发现太阳已经快落山了。“坏了！”他大叫一声，撒开腿拼命向终点跑去，可是已经太迟了。在大家的欢呼声中，乌龟先于兔子到达了终点。

hú li hé hè
狐狸和鹤

hú li yāo qǐng hè qù tā jiā chī fàn hè gāo xìng de qù fù
狐狸邀请鹤去他家吃饭，鹤高兴地去赴
yuē le kě shì děng hè lái dào hú li jiā li fā xiàn hú li bìng
约了。可是，等鹤来到狐狸家里，发现狐狸并
méi yǒu zhēn xīn shí yì de zhǔn bèi shén me fàn cài tā zhǐ
没有真心实意地准备什么饭菜，他只
shì yòng dòu zi zuò le yì diǎn er tāng chéng zài qiǎn qiǎn
是用豆子做了一点儿汤，盛在浅浅
de pán zi li duān le shàng lái
的盘子里，端了上来。

pán zi tài qiǎn le hè yòu zhǎng le yì
盘子太浅了，鹤又长了一
zhāng yòu cháng yòu jiān de zuǐ ba tāng dōu cóng tā
张又长又尖的嘴巴，汤都从他
de cháng zuǐ ba li liú chū lái le gēn běn jiù
的长嘴巴里流出来了，根本就
hē bú dào hěn bào qiàn hú li
喝不到。“很抱歉，”狐狸
jiǎ zhuāng kè qì de shuō
假装客气地说，

狐狸从容地吃着盘子里的食物，而鹤只能眼巴巴地瞧着。

“大概这汤不合你的口味。”说完，他轻松地喝完了盘子里的汤。“别客气，”鹤饿着肚子说，“过几天请到我家来吃饭吧。”不一会儿，他就告辞回家了。

狐狸看着瓶子里的食物，馋得直流口水，可他怎么也吃不到这些美味。

狐狸得意极了，他觉得这个客请得很值，自己不但没有破费，过几天还能去鹤的家里赴宴。

没过几天，鹤就邀请狐狸去吃饭。狐狸高兴极了，他兴冲冲地跑到了鹤的家里。鹤端来了许多可口的饭菜，可狐狸馋得直流口水，却什么也没吃着！

原来，鹤把所有的饭菜都装在了小口的长颈瓶里，狐狸那张大嘴巴根本就伸不进去。他只好眼睁睁地看着鹤把所有的东西都吃光了，而他自己，只好饿着肚子回家了！

hú li hé qiáo fū
狐狸和樵夫

yì zhī hú li zhèng bèi liè rén zhuī
一只狐狸正被猎人追
gǎn zhè shí tā kàn dào shān pō shang yǒu
赶，这时，他看到山坡上有
yí gè qiáo fū zhèng zài gàn huó
一个樵夫正在干活。

hú li lián máng pǎo dào qiáo fū miàn qián shuō hǎo xīn rén qǐng
狐狸连忙跑到樵夫面前，说：“好心人，请
jiù jiu wǒ ba liè rén zhèng zài zhuī wǒ ne qiáo fū kàn le kàn hú li
救救我吧，猎人正在追我呢。”樵夫看了看狐狸，
ràng tā qù shēn hòu de yí zuò xiǎo mù wū li duǒ qǐ lái bù yí huì er
让他去身后的一座小木屋里躲起来。不一会儿，
liè rén zǒu guò lái wèn zhèng zài gàn huó er de qiáo fū qǐng wèn nǐ gāng
猎人走过来，问正在干活儿的樵夫：“请问你刚
cái yǒu méi yǒu jiàn dào yì zhī hú li
才有没有见到一只狐狸？”

tīng le liè rén de huà xiǎo mù wū li de hú li hài pà
听了猎人的话，小木屋里的狐狸害怕

狐狸被猎人追赶，他急忙跑到樵夫面前，请求樵夫帮自己躲起来。

jí le tā tòu guò mén fèng er jǐn zhāng de kàn zhe wū wài de qíng jǐng zhǐ
极了，他透过门缝儿紧张地看着屋外的情景。只
jiàn qiáo fū yì biān dà shēng shuō méi kàn jiàn yì biān yòu yòng shǒu tōu tōu de zhǐ
见樵夫一边大声说没看见，一边又用手偷偷地指
xiàng xiǎo mù wū kě liè rén bìng méi yǒu kàn jiàn qiáo fū de shǒu shì tā men
向小木屋。可猎人并没有看见樵夫的手势，他们
xiàng sì chù zhāng wàng le yí xià jiù zǒu kāi le
向四处张望了一下，就走开了。

hú li cóng mù wū li chū lái shén me huà yě méi shuō zhuǎn shēn jiù
狐狸从木屋里出来，什么话也没说，转身就
zǒu qiáo fū yí kàn shēng qì le tā zé wèn dào nǐ zhè gè wàng ēn fù
走。樵夫一看生气了，他责问道：“你这个忘恩负
yì de jiā huo wǒ jiù le nǐ nǐ lián yì shēng
义的家伙，我救了你，你连一声
xiè xie dōu méi yǒu jiù xiǎng zhè yàng zǒu diào
谢谢都没有，就想这样走掉？”

hú li kàn le kàn qiáo fū shuō péng
狐狸看了看樵夫，说：“朋
you rú guǒ nǐ de xīn yì yǔ shǒu shì shì yí zhì
友，如果你的心意与手势是一致
de wǒ yí dìng huì hǎo hāo er gǎn jī nǐ de
的，我一定会好好儿感激你的。
ér xiàn zài wǒ xiǎng yǐ jīng yòng bù zháo le shuō
而现在，我想已经用不着了。”说
wán tā jiù zǒu kāi le qiáo fū wàng zhe hú li
完，他就走开了。樵夫望着狐狸
de bèi yǐng yí jù huà yě shuō bù chū lái
的背影，一句话也说不出来。

狐狸识破樵夫的虚伪面目，没有道谢就走开了。

狐狸总是充当狮子的奴仆，他经常把小动物从藏身处赶出来，然后再由狮子去捕捉。

狐狸和狮子

hú li hé shī zi

shī zi shì bǎi shòu zhī wáng，xiǎo dòng wù men bù jǐn shì tā de chén mín，tóng shí yě shì tā de shí wù，yīn cǐ dà jiā dōu fēi cháng pà tā。yì zhí dé bú dào zūn zhòng de hú li jiàn le fēi cháng xiàn mù，yú shì，tā zhǎo dào shī zi，qǐng qiú zuò shī zi de nú pú。shī zi dā ying le tā de qǐng qiú。

狮子是百兽之王，小动物们不仅是他的臣民，同时也是他的食物，因此大家都非常怕他。一直得不到尊重的狐狸见了非常羡慕，于是，他找到狮子，请求做狮子的奴仆。狮子答应了他的请求。

cóng nà er yǐ hòu，měi dāng shī zi chū qù bǔ liè，hú li zǒng shì chōng zài qián miàn，bǎ nà xiē xiǎo dòng wù cóng cáng shēn de dì fang gǎn chū lái。jiù

从那儿以后，每当狮子出去捕猎，狐狸总是冲在前面，把那些小动物从藏身的地方赶出来。就

zhè yàng měi cì shī zi dōu néng bǔ dào xǔ duō liè wù huí lái yǐ hòu shī
这样，每次狮子都能捕到许多猎物。回来以后，狮

zi jiù huì ná chū yì xiǎo bù fen liè wù fēn gěi hú li
子就会拿出一小部分猎物分给狐狸。

rì zi yì tiān tiān guò qù le hú li yuè lái yuè jué de bù mǎn zú
日子一天天过去了，狐狸越来越觉得不满足。

tā xiǎng hng nà xiē liè wù dōu shì wǒ gǎn chū lái de méi yǒu wǒ shī
他想：“哼，那些猎物都是我赶出来的，没有我，狮

zi kěn dìng shén me dōu zhuō bú dào kě píng shén me shī zi fēn nà me duō
子肯定什么都捉不到。可凭什么狮子分那么多，

wǒ què zhǐ néng dé dào yì xiǎo bù fen ne wǒ bù néng zài hé tā hé zuò le
我却只能得到一小部分呢？我不能再和他合作了，

wǒ yào zì jǐ dān gàn
我要自己单干！”

yú shì zài yí gè qī hēi de yè wǎn chèn shī zi shú shuì de jī
于是，在一个漆黑的夜晚，趁狮子熟睡的机

huì hú li tōu tōu lí kāi le shī zi jué dìng zì jǐ dú zì qù bǔ zhuō liè
会，狐狸偷偷离开了狮子，决定自己独自去捕捉猎

wù kě tā zài sēn lín li zhěng zhěng zǒu le yí gè wǎn shang shén me yě méi
物。可他在森林里整整走了一个晚上，什么也没

yǒu zhuō dào
有捉到。

tiān liàng le jī cháng lù lù de hú
天亮了，饥肠辘辘的狐

li fā xiàn le yì zhī xiǎo tù zi
狸发现了一只小兔子，

tā gāo xìng de pū le guò qù jiù
他高兴地扑了过去。就

zài zhè shí liè rén chū xiàn le
在这时，猎人出现了，

yú chǔn de hú li jiù zhè yàng chéng le liè
愚蠢的狐狸就这样成了猎

rén de liè wù
人的猎物！

狐狸正准备捕猎，没料到自己已经被猎人盯住了。

狐狸和酸葡萄

狐狸饿了，正在到处找东西吃。

有一只狐狸，他已经好几天没有吃到东西了，饿得头昏眼花。这一天，狐狸来到了一座山坡上。嘿！山坡上有一株葡萄架，上面结满了葡萄，就像一串串紫水晶，看起来可口极了。

狐狸一下子来了精神，他连滚带爬地来到葡萄架下。看着那些葡萄，狐狸的口水滴滴答答地流了下来。可是，葡萄架太高了，狐狸踮起脚尖儿，伸长前爪，还是差了一大截儿！

这可怎么办啊？狐狸急得直转圈。忽然，他发现不远处有一根树枝。狐狸连忙跑过去，捡起

shù zhī xiǎng yòng tā bǎ pú táo qiāo xià lái
树枝，想用它把葡萄敲下来。

hú li jǔ qǐ shù zhī cháo pú táo dǎ qù kě shì tā de gē bo
狐狸举起树枝，朝葡萄打去。可是，他的胳膊
dōu shēn tòng le què hái shì gòu bú dào nà xiē pú táo
都伸痛了，却还是够不到那些葡萄。

hú li máng huo le dà bàn tiān lèi de qì chuǎn xū xū què lián yì kē
狐狸忙活了大半天，累得气喘吁吁，却连一颗
pú táo yě méi chī dào tā yǒu qì wú lì de tān dǎo zài pú táo jià xià
葡萄也没吃到。他有气无力地瘫倒在葡萄架下，
wàng zhe jià shang de pú táo qì de tóu dǐng mào yān
望着架上的葡萄，气得头顶冒烟！

hng yǒu shén me dà bù
“哼，有什么大不
liǎo de kàn zhè xiē pú táo
了的！看这些葡萄，
yǒu xiē hái shì qīng de yí
有些还是青的，一
dìng méi shú tòu yào shì wǒ zhēn
定没熟透！要是我真
de chī le tā men shuō bú dìng lián wǒ
的吃了它们，说不定连我
de yá chǐ yě huì bèi suān dǎo ne hú li zì yán zì yǔ zhe
的牙齿也会被酸倒呢！”狐狸自言自语着。

狐狸眼巴巴地看着那些美味的葡萄，可是怎么都吃不到，心里很不是滋味。

rán hòu tā róu rou yǒu xiē jiāng zhí de qián zhǎo pá qǐ lái
然后，他揉揉有些僵直的前爪，爬起来，
màn màn yōu yōu de zǒu kāi lo
慢慢悠悠地走开了。

tā yì biān zǒu zuǐ li yì biān bù tíng de
他一边走，嘴里一边不停地
niàn dao kě wù de suān pú táo xìng kuī
念叨：“可恶的酸葡萄，幸亏
wǒ méi yǒu zhāi dào tā
我没有摘到它！”

huài yě māo
坏野猫

sēn lín li yǒu yì kē gāo dà de xiàng shù nà lǐ zhù zhe sān jiā lín
森林里有一棵高大的橡树，那里住着三家邻

jū shù gēn xià de dòng li zhù zhe yě zhū hé tā de sān gè hái zi shù
居：树根下的洞里，住着野猪和她的三个孩子；树

gàn shang de dòng li zhù zhe yě
干上的洞里，住着野

māo hé tā de hái zi shù dǐng
猫和她的孩子；树顶

shang zé zhù zhe lǎo yīng yì jiā
上则住着老鹰一家。

yě māo xiǎng dú zhàn zhè kē xiàng shù
野猫想独占这棵橡树，

yú shì tā xiān pá dào shù dǐng shang duì lǎo
于是她先爬到树顶上，对老

yīng shuō wǒ gāng cái kàn dào shù xià de yě zhū zhèng
鹰说：“我刚才看到树下的野猪正

zài kěn shù gàn ne tā zhǔn shì xiǎng bǎ dà shù kěn dǎo
在啃树干呢！她准是想把大树啃倒，

ràng wǒ men de hái zi shuāi xià lái zuò tā de měi
让我们的孩子摔下来，做她的美

老鹰、野猪和野猫同住在一棵橡树上。
野猫想独占这棵树，便打起了坏主意。

餐！我看，我们以后哪儿也不能去了，得天天看着我们的孩子啊！”

听了野猫的话，老鹰吓得赶紧关上大门，自己则站在门外，守卫着她的孩子们。

然后，野猫又跑到野猪的洞口，对野猪说：“我刚才听到老鹰对她的孩子们说，等我们不在家的时候，就把我们的孩子抓去喂那些小鹰。”野猪听了，吓得再也不敢出门了。

野猫呢？她也装出一副害怕的样子，整天蹲在洞口守望。可一到了晚上，她就会偷偷溜出去找吃的。没过几天，老鹰和野猪一家因为没有食物，都被饿死了。这只坏野猫终于独占了那棵橡树。

野猫骗野猪说，老鹰想偷走他的孩子。野猪听了吓得整天躲在洞里，不敢出门。

机灵的小绵羊

有只大灰狼为了觅食，一大早就跟在羊群后面。但牧羊人一直严密守护着羊群，直到傍晚，狼还是一无所获。

这时，羊群里一只脖子上挂铃铛的小绵羊趁大伙不注意，偷偷地离开了羊群。躲在树后的大灰狼不费吹灰之力就抓住了小绵羊。看着凶恶的大灰狼，小绵羊的脑筋迅速地转动起来，他很快想出了一个办法。于是，小绵羊镇定地对大灰狼说：

小绵羊偷偷溜出去玩。突然，一只大灰狼向他扑了过来。

聪明的小绵羊让大灰狼用力摇铃铛，他一边跳舞一边等着牧羊人来救自己。

qīn ài de láng xiān sheng nín néng dā ying wǒ yí gè xiǎo xiǎo de qǐng qiú ma
“亲爱的狼先生，您能答应我一个小小的请求吗？”

zhǐ yào néng bǎo zhèng wǒ chī dào xiān měi de yáng ròu shén me qǐng qiú wǒ dōu dā
“只要能保证我吃到鲜美的羊肉，什么请求我都答
ying dà huī láng shuō
应。”大灰狼说。

wǒ shì yáng qún zhōng zuì chū sè de wǔ dǎo jiā wǒ xiǎng zài lín sǐ
“我是羊群中最出色的舞蹈家。我想在临死
qián tiào yì zhī wǔ qǐng nín wèi wǒ bàn zòu ba xiǎo mián yáng shuō zhe jiě
前跳一支舞。请您为我伴奏吧。”小绵羊说着，解
xià le bó zi shang de líng dang dì gěi dà huī láng dà huī láng xiǎng dōu méi
下了脖子上的铃铛，递给大灰狼。大灰狼想都没
xiǎng jiù jiē guò líng dang shǐ jìn de yáo le qǐ lái
想就接过铃铛，使劲地摇了起来。

mù yáng rén shùn zhe líng shēng zhǎo le guò lái kàn dào dà huī láng jǐ
牧羊人顺着铃声找了过来。看到大灰狼，几
zhī mù yáng quǎn xiōng měng de pū le guò qù bù yí huì er dà huī láng jiù
只牧羊犬凶猛地扑了过去。不一会儿，大灰狼就
yí mìng wū hū le xiǎo mián yáng gāo xìng de huí dào le yáng qún zhōng cóng cǐ
一命呜呼了。小绵羊高兴地回到了羊群中，从此
tā zài yě bú dào chù luàn pǎo le
他再也不到处乱跑了。

机智的狐狸

百兽之王狮子上了年纪，再也捉不到猎物了，于是他就假装生起病来。等小动物们前来探病时，狮子就会张开血盆大口猛扑过来。就这样，好多小动物都糊里糊涂地成为狮子的美餐。

这一天，狐狸听到狮子生病的消息，也去看望狮子。“奇怪。”细心的狐狸突然停住了脚步，因为他发现洞口有许多脚印，但脚尖都对着洞口，却没有出来的脚印。

当小动物们来看望装病的狮子时，狮子趁机把他们都咬死了。

狐狸警觉起来。他向后退了几步，大声向洞里问道：“狮子大王，您的身体好些了吗？”

狮子一听是狐狸，连忙装出一副有气无力的腔调，回答说：“好些了，亲爱的狐狸兄弟，请进来陪我聊聊天吧。”“我就在洞外和你聊吧，顺便练练嗓子。”狐狸说。

狮子说：“我气力不足，你还是进来吧。”狐狸又问：“小动物们还在洞里吗？怎么没见他们回家去呢？”狮子支支吾吾地说：“啊……嗯……他们在我洞里玩儿呢，你也进来吧。”

狐狸还是不肯进洞。狮子急了，吼道：“你再不进来我就要……”话还没说完，他就冲出洞口向狐狸扑了过去。幸亏狐狸站的地方离洞口远，他立刻掉头就跑。狮子年迈体衰，早被狐狸甩得远远的了。

狮子装作病重的样子说着话，想把洞外的狐狸骗进来。

jǐ nǎi de gū niang
挤奶的姑娘

lù sī jiā yǎng le yì tóu nǎi niú měi tiān lù sī dōu yào wèi nǎi niú jǐ nǎi rán hòu sòng dào nóng zhuāng mài diào
露丝家养了一头奶牛，每天，露丝都要为奶牛挤奶，然后送到农庄卖掉。

zhè tiān qīng chén lù sī yòu jǐ le mǎn mǎn de yì tǒng niú nǎi tā bǎ niú nǎi dǐng zài tóu shang kāi kāi xīn xīn de wǎng nóng zhuāng zǒu qù lù shang de jǐng sè zhēn měi a lǜ lǜ de cǎo dì shang kāi mǎn le bù zhī míng de huā er hái yǒu hǎo xiē xiǎo jī zài zhǎo chóng zi
这天清晨，露丝又挤了满满的一桶牛奶，她把牛奶顶在头上，开开心心地往农庄走去。路上的景色真美啊，绿绿的草地上开满了不知名的花儿，还有好些小鸡在找虫子。

kàn dào zhè xiē xiǎo jī lù sī xīn dòng le tā xiǎng zhè tǒng niú nǎi mài de qián zhì shǎo kě yǐ mǎi huí sān bǎi
看到这些小鸡，露丝心动了，她想："这桶牛奶卖的钱，至少可以买回三百

露丝顶着一桶牛奶，开始了对未来美好生活的想象。

个鸡蛋，除去意外损失，这些鸡蛋可以孵出二百五十只小鸡。如果把这些小鸡卖掉，一定可以得到一大笔钱。这些钱足够我买一条漂亮的新裙子和几件精美的首饰了。等到了圣诞节晚宴的时候，我穿上迷人的裙子，戴上漂亮的首饰，那些年轻的小伙子一定会争先恐后向我求婚的！嘿嘿，等到那个时候，我一定会摇着头拒绝他们！”

牛奶洒了，露丝的美梦也破灭了。

想到这儿，露丝真的摇起头来。可她在想美事的时候忘记了自己头上还顶着一桶牛奶呢。这下子，露丝的手没把住，她头顶上的牛奶桶一下子掉在了地上，全洒了。

现在，露丝什么也没有了。看着空空的牛奶桶和一地的牛奶，露丝后悔极了。

jiā gǒu hé láng
家狗和狼

yì tiáo jī è de shòu láng zài yuè guāng xià sì chù mì shí, yù dào le yì zhī hěn zhuàng shi de jiā gǒu。tā men xiāng hù wèn hòu zhī hòu, láng shuō: "péng you, nǐ zěn me zhè me féi zhuàng, chī le xiē shén me hǎo dōng xi? wǒ xiàn zài rì yè wèi shēng jì bēn bō, kǔ kǔ de jiān áo zhe。" gǒu huí dá shuō: "nǐ ruò xiǎng xiàng wǒ zhè yàng, zhǐ yào xué zhe wǒ gàn jiù xíng。" "shì zhēn de

一条饥饿的瘦狼在月光下四处觅食，遇到了一只很壮实的家狗。他们相互问候之后，狼说：“朋友，你怎么这么肥壮，吃了些什么好东西？我现在日夜为生计奔波，苦苦地煎熬着。”狗回答说：“你若想像我这样，只要学着我干就行。”“是真的

狗向狼描述自己的生活。狼听后十分惊讶，他宁可挨饿，也不愿失去自由。

ma láng jí qiè de wèn shén me huó er gǒu huí dá shuō jiù
吗？”狼急切地问，“什么活儿？”狗回答说：“就
shì gěi zhǔ rén kān jiā yè jiān fáng zhǐ zéi jìn lái shén me shí hou kāi shǐ
是给主人看家，夜间防止贼进来。”“什么时候开始
gàn ne láng shuō wèi le yǒu nuǎn huo de wū zi zhù bù ái è zuò
干呢？”狼说，“为了有暖和的屋子住，不挨饿，做
shén me wǒ dōu bú zài hu nà hǎo gǒu shuō gēn wǒ zǒu ba
什么我都不在乎。”“那好，”狗说，“跟我走吧！”

tā men liǎ yì qǐ shàng lù le láng tū rán zhù yì dào gǒu bó zi shang
他们俩一起上路了，狼突然注意到狗脖子上
yǒu yí kuài shāng bā tā gǎn dào shí fēn qí guài jiù wèn gǒu shì zěn me huí
有一块伤疤，他感到十分奇怪，就问狗是怎么回
shì yě xǔ shì wǒ bó zi shang shuān tiě liàn zi de jǐng quān nòng de
事。“也许是我脖子上拴铁链子的颈圈弄的。”
gǒu qīng miáo dàn xiě de huí dá
狗轻描淡写地回答。

tiě liàn zi láng jīng qí de shuō nán dào nǐ bù néng zì yóu
“铁链子！”狼惊奇地说，“难道你不能自由
zì zài de pǎo lái pǎo qù ma yě xǔ bù néng wán quán suí wǒ de xīn
自在地跑来跑去吗？”“也许不能完全随我的心
yì gǒu shuō yǒu shí hou zhǔ rén huì bǎ wǒ shuān qǐ lái láng shuō
意，”狗说，“有时候主人会把我拴起来。”狼说：
nǐ qù xiǎng yòng nǐ de měi cān ba zhì yú wǒ nìng kě zì yóu
“你去享用你的美餐吧！至于我，宁可自由
zì zài de ái è yě bú yuàn tào zhe yì tiáo tiě liàn zi guò
自在地挨饿，也不愿套着一条铁链子过
shū shì de shēng huó
舒适的生活。”

骄傲的蚊子

有一只蚊子，他非常骄傲，以为自己是世界上最了不起的。为了证明这个论断，他找到了百兽之王狮子，不屑地对他说："狮子老弟啊，别人都说你是百兽之王，可我看，你也不见得比我强多少！你要是不服气，咱俩比试比试怎么样？"

说完，蚊子朝狮子猛冲过去，专咬狮子鼻子周围没毛的地方。狮子痒得受不了了，他伸出巨大的爪子，啪

蚊子飞到狮子面前，向他发起了挑战。

地一声就打在了自己的脸上，把鼻子都打出血了。可蚊子早就飞到了别的地方。

就这样，一会儿工夫，狮子的脸就被自己抓破了，他只好垂头丧气地认输了。蚊子打败了狮子，他吹着喇叭，唱着凯歌，骄傲地飞来飞去。一不小心，他撞到了墙角的蜘蛛网上。蜘蛛网很黏，蚊子挣扎了半天，还是没有办法脱身。

蚊子无奈地说：“唉，真没想到，我战胜了力量强大的狮子，却要在这小小的蛛网上丧命。”话音未落，蜘蛛就爬过来，把他吃掉了。

蚊子打败狮子后得意极了，在空中飞来飞去，不料却粘到了蜘蛛网上。

jǐng li de hú li hé shān yáng

井里的狐狸和山羊

山羊用前蹄扒住井壁，让狐狸踩着他的背爬出井口。

hú li bù xiǎo xīn diào jìn yì kǒu jǐng li
狐狸不小心掉进一口井里，
tā yòng jìn le lì qi yě pá bú shàng lái zhèng
他用尽了力气也爬不上来。正
zài zhè shí shān yáng guò lái zhǎo shuǐ hē kàn
在这时，山羊过来找水喝。看
dào jǐng li de hú li shān yáng wèn dào hú
到井里的狐狸，山羊问道："狐
li dà gē jǐng li de shuǐ hǎo hē ma
狸大哥，井里的水好喝吗？"
jiàn dào shān yáng hú li mǎ shàng lái le
见到山羊，狐狸马上来了
zhǔ yi tā shuō dāng rán hǎo hē le bǐ mì táng hái tián ne shuō wán
主意，他说："当然好喝了，比蜜糖还甜呢？"说完，
hú li zhuāng mú zuò yàng de hē le kǒu jǐng shuǐ hái bú zhù de zā zhe zuǐ
狐狸装模作样地喝了口井水，还不住地咂着嘴。

kàn dào hú li táo zuì de mú yàng shān yáng xìn yǐ wéi zhēn bù jiǎ sī
看到狐狸陶醉的模样，山羊信以为真，不假思
suǒ de tiào jìn jǐng li děng tā hē wán shuǐ hòu cái fā xiàn shàng bú qù le
索地跳进井里。等他喝完水后，才发现上不去了。
shān yáng shí fēn zháo jí zhǐ hǎo xiàng hú li qiú zhù hú li jiǎ zhuāng xiǎng le
山羊十分着急，只好向狐狸求助。狐狸假装想了
xiǎng shuō bàn fǎ dào yǒu bú guò děi wǒ men liǎ hé zuò cái xíng
想，说："办法倒有，不过得我们俩合作才行。"

hǎo de hǎo de nǐ zěn me shuō wǒ jiù zěn me zuò shān yáng wèi
"好的，好的。你怎么说我就怎么做。"山羊为

le néng zǎo xiē chū qù máng bù dié de shuō nǐ xiān yòng qián tí bā zhù jǐng
了能早些出去，忙不迭地说。“你先用前蹄扒住井
bì ràng wǒ cǎi zhe nǐ de bèi pá shàng qù rán hòu wǒ zài zhǎo shéng zi bǎ nǐ
壁，让我踩着你的背爬上去，然后我再找绳子把你
lā shàng qù hú li shuō
拉上去。”狐狸说。

tīng le hú li de huà shān yáng xiǎng dōu méi xiǎng jiù dā ying le yú
听了狐狸的话，山羊想都没想就答应了。于
shì tā tái qǐ qián tí bǎ shēn zi tái de gāo gāo de hú li cǎi zhe tā
是，他抬起前蹄，把身子抬得高高的。狐狸踩着他
de bèi shùn lì de tiào chū le jǐng kǒu zhuǎn shēn jiù pǎo
的背，顺利地跳出了井口，转身就跑。

jǐng li de shān yáng jí huài le tā gāo shēng hǎn dào hú li dà gē
井里的山羊急坏了，他高声喊道：“狐狸大哥，
nǐ zěn me diū xià wǒ bù guǎn le nǐ bù néng bù jiǎng xìn yòng a hú li
你怎么丢下我不管了？你不能不讲信用啊！”狐狸
huí guò tóu shuō hēi hēi yào shì nǐ de tóu nǎo yě xiàng nǐ de jiǎo nà yàng
回过头说：“嘿嘿，要是你的头脑也像你的角那样
wán měi nǐ jiù bú huì zài méi kàn qīng chū kǒu zhī qián jiù tiào xià qù le
完美，你就不会在没看清出口之前就跳下去了。”
shuō wán hú li jiù tóu yě bù huí de pǎo diào le
说完，狐狸就头也不回地跑掉了。

狐狸刚跳出井口，就准备开溜了。

kuáng wàng de láng

狂妄的狼

狼看到自己的影子特别长，还以为自己身材高大，应该当百兽之王。

sēn lín li yǒu yì zhī láng
森林里有一只狼，
tā duì zì jǐ de shēn tǐ fēi cháng bù
他对自己的身体非常不
mǎn yì zǒng jué de zì jǐ zhǎng de
满意，总觉得自己长得
tài xiǎo le wèi cǐ láng zhěng tiān
太小了。为此，狼整天
mèn mèn bú lè
闷闷不乐。

yǒu yì tiān láng lái dào shān
有一天，狼来到山
jiǎo xià sàn bù luò rì de yú huī bǎ tā de yǐng zi lā de tè bié cháng kàn
脚下散步，落日的余晖把他的影子拉得特别长，看
qǐ lái jiù xiàng gè jù rén láng kàn dào zì jǐ de yǐng zi zì yán zì yǔ
起来就像个巨人！狼看到自己的影子，自言自语
dào yuán lái wǒ de shēn tǐ zhè me dà ya yǐ qián zěn me méi fā xiàn
道："原来我的身体这么大呀？以前怎么没发现
ne kàn lái wǒ cái shì bǎi shòu zhī wáng yú shì láng dé yì yáng yáng
呢？看来我才是百兽之王！"于是，狼得意扬扬
de chōng jìn sēn lín dà hǎn dào shī zi ne shī zi
地冲进森林，大喊道："狮子呢？狮子
zài nǎ er gǎn jǐn chū lái wǒ yào hé nǐ bǐ shi
在哪儿？赶紧出来，我要和你比试
bǐ shi kàn kan zán men liǎ
比试，看看咱们俩

shuí cái shì bǎi shòu zhī wáng
谁才是百兽之王！”

kàn dào láng de dà dǎn jǔ dòng xiǎo dòng wù men jīng yà jí le fēn fēn
看到狼的大胆举动，小动物们惊讶极了，纷纷
duǒ le qǐ lái zhè shí shī zi tīng dào láng de hǎn shēng bù jǐn bú màn de
躲了起来。这时，狮子听到狼的喊声，不紧不慢地
cóng dòng li zǒu chū lái wèn shuí ya jìng rán xiǎng hé wǒ bǐ shi nán dào
从洞里走出来，问：“谁呀，竟然想和我比试，难道
bù zhī dào wǒ de lì hai ma
不知道我的厉害吗？”

shì wǒ láng yì biān hǎn yì biān háo bù wèi jù de cháo shī zi
“是我！”狼一边喊，一边毫不畏惧地朝狮子
měng pū guò qù kě shì hái méi děng tā fǎn yìng guò lái jiù bèi shī zi yǎo
猛扑过去。可是，还没等他反应过来，就被狮子咬
zhù le hòu bó jǐng
住了后脖颈。

láng sī háo dòng tan bù liǎo tā hòu huǐ jí le lín sǐ qián láng tòng
狼丝毫动弹不了，他后悔极了。临死前，狼痛
kǔ de hǎn dào shì kuáng wàng zì dà hài le wǒ a kě yǐ jīng chí le
苦地喊道：“是狂妄自大害了我啊！”可已经迟了，
tā jiù zhè yàng chéng wéi le shī zi de měi cān
他就这样成为了狮子的美餐。

狼不自量力地挑战狮子，结果被狮子咬死了。

狼和鹭鸶

狼的喉咙里卡了一块骨头，十分难受。于是，他四处找医生帮他把骨头取出来。狼首先找到了森林医生啄木鸟，他对啄木鸟说：“啄木鸟医生，我的喉咙里卡了一块骨头，您帮我治治吧。”

狼的喉咙里卡了一块骨头，四处找医生。

“对不起，我只会给树木看病，帮不了你。”啄木鸟医生说。

狼只好垂头丧气地离开了。后来，狼听说鹭鸶医生的医术高明，于是，他走了好多路，终于在一条小河边找到了鹭鸶医生。

狼走到鹭鸶医生的面前，用微弱的声音说道：“鹭鸶医生，我的喉咙里卡了一块骨头，求求您帮

我把它取出来吧。只要您能帮我，什么要求我都答应您。”

“没问题。”鹭鸶医生说着，让狼张大嘴巴，检查了一下他的喉咙。“就是一块小骨头，我这就帮你取出来。”说着，鹭鸶医生把头伸到狼的嘴巴里，用他那长长的嘴巴叼住狼喉咙里的骨头，轻轻一拉，骨头就出来了。

狼高兴地晃晃脑袋，觉得舒服极了。这时，鹭鸶医生向狼索要报酬。

狼看了看他，说：“我的朋友，你能把脑袋从狼的嘴里平安地收回来，难道还不满足？”说完，狼就晃着脑袋走开了。

鹭鸶帮狼取出骨头后，没有得到任何酬金。他只能气愤地看着狼离去。

láng hé xiǎo yáng
狼和小羊

yǒu yì zhī xiǎo yáng jué de kǒu kě le, yú shì, tā lái dào xiǎo hé biān, zhǔn bèi hē diǎn er shuǐ。zhèng zài zhè shí, cóng hé duì àn zǒu guò lái yì zhī dà huī láng。
有一只小羊觉得口渴了，于是，他来到小河边，准备喝点儿水。正在这时，从河对岸走过来一只大灰狼。

dà huī láng kàn dào xiǎo yáng, xīn li lè kāi le huā。kě shì, zěn me cái néng zhǎo gè jiè kǒu chī diào xiǎo yáng ne? dà huī láng yǎn zhū yí zhuàn, lái le zhǔ yi。yú shì, tā fēi kuài de pǎo dào xiǎo hé de shàng yóu, zhuāng mú zuò yàng de hē le yì kǒu shuǐ, rán hòu dà jiào qǐ lái:“nǐ zhè gè xiǎo dōng xi,
大灰狼看到小羊，心里乐开了花。可是，怎么才能找个借口吃掉小羊呢？大灰狼眼珠一转，来了主意。于是，他飞快地跑到小河的上游，装模作样地喝了一口水，然后大叫起来：“你这个小东西，

大灰狼看着小羊，口水都要流出来了。

竟然把我喝的水弄脏了！你安的什么心？”

小羊听了吃惊地说：“狼先生，您站在上游，水是从您那儿流到我这儿来的，而不是从我这儿流到您那儿去的啊！”

大灰狼不由分说，恶狠狠地扑向可怜的小羊。

大灰狼一听，愣了一下，又接着说道：“哼，就算是这样，你也不是个好东西！我听说，去年你还在背地里说我的坏话呢！”

小羊听了更着急了，他喊起来：“啊！狼先生！那怎么可能呢？去年我还没有出生呢！”

大灰狼气冲冲地说：“不要再狡辩了！反正说我坏话的不是你就是你的爸爸！那有什么区别？”说着，狼龇起牙，恶狠狠地朝小羊扑去。

小羊绝望地喊道：“你这个狡猾的坏家伙！你找了这么多的借口，无非是想吃掉我罢了！”

láng lái le
狼来了

cóng qián yǒu ge nán hái tiān tiān gǎn zhe yáng qún dào shān shang fàng yáng
从前，有个男孩天天赶着羊群到山上放羊。
shí jiān cháng le nán hái jiù jué de hěn jì mò yīn wèi shān pō shang chú le
时间长了，男孩就觉得很寂寞。因为山坡上除了
yáng yí ge rén yě méi yǒu
羊，一个人也没有。

yǒu yì tiān fàng yáng de shí hou nán hái rěn bú zhù xiǎng zhǎo diǎn cì
有一天，放羊的时候，男孩忍不住想找点刺
jī tā zǒu xià shān pō chòng zhe shān xià de cūn zhuāng dà shēng hǎn láng
激。他走下山坡，冲着山下的村庄大声喊：“狼
lái le láng lái le cūn li de nóng fū tīng jiàn le dōu ná le bàng zi
来了，狼来了！”村里的农夫听见了，都拿了棒子、
chú tóu gǎn kuài pǎo xiàng shān li dàn shì tā men lái hòu zuǒ kàn yòu kàn
锄头赶快跑向山里。但是他们来后，左看右看，

男孩把大家骗来后，笑嘻嘻地告诉大家他是在开玩笑。

zhǐ jiàn dào yáng zhèng ān jìng de chī
只见到羊正安静地吃
cǎo bìng méi fā xiàn láng de yǐng zi
草，并没发现狼的影子。
nán hái xiào xī xī de shuō láng
男孩笑嘻嘻地说：“狼
méi yǒu lái shì wǒ gēn nǐ men kāi
没有来，是我跟你们开
wán xiào de zhēn hǎo wán nóng fū men
玩笑的，真好玩！”农夫们
shēng qì de shuō nǐ zhè tiáo pí de hái
生气地说：“你这调皮的孩
zi gǎo shén me hǎo hāo er fàng yáng
子，搞什么？好好儿放羊！”

男孩为自己的恶作剧付出了代价：狼把他的羊都咬死了。

dì èr tiān fàng yáng de hái zi yòu dà hǎn láng lái le láng lái
第二天，放羊的孩子又大喊：“狼来了！狼来
le dà jiā fàng xià shǒu zhōng de gōng zuò jí máng gǎn dào shān shang jié
了！”大家放下手中的工作，急忙赶到山上，结
guǒ tā men yòu bèi piàn le dà jiā nǎo nù de gào su nán hái bú yào zài
果他们又被骗了。大家恼怒地告诉男孩，不要再
sā huǎng le fǒu zé tā men jiù bù guǎn tā le nán hái què méi bǎ dà jiā
撒谎了，否则，他们就不管他了。男孩却没把大家
de huà fàng zài xīn shang
的话放在心上。

dì sān tiān láng zhēn de lái le fàng yáng de nán hái xià de pīn mìng
第三天，狼真的来了。放羊的男孩吓得拼命
dà hǎn láng lái le láng lái le shān xià de nóng fū men tīng dào hòu lǐ
大喊：“狼来了！狼来了！”山下的农夫们听到后理
dōu bù lǐ nán hái jiàn méi yǒu yí ge rén lái jí de biān kū biān hǎn láng
都不理。男孩见没有一个人来，急得边哭边喊：“狼
zhēn de lái le shān xià de nóng fū men xiào dào zhuāng de hái zhēn xiàng
真的来了！”山下的农夫们笑道：“装得还真像！”
nán hái zhǐ hǎo yǎn zhēng zhēng de kàn zhe láng bǎ tā de yáng dōu yǎo sǐ le
男孩只好眼睁睁地看着狼把他的羊都咬死了！

láng yǔ mù yáng rén
狼与牧羊人

yǒu yì tiān mù yáng rén chū lái fàng yáng yì zhī lǎo láng màn màn de
有一天，牧羊人出来放羊。一只老狼慢慢地

kào jìn yáng qún zài yáng qún zhōu wéi zhuàn lái zhuàn qù jiù xiàng mù yáng quǎn bǎo
靠近羊群，在羊群周围转来转去，就像牧羊犬保

hù yáng qún yí yàng mù yáng rén hěn nà mèn er lǎo láng zhǐ shì dǎ zhuàn
护羊群一样。牧羊人很纳闷儿：“老狼只是打转

zhuan zěn me bù shāng hài yáng ne xiǎng dào zhè er tā jǐng tì
转，怎么不伤害羊呢？”想到这儿，他警惕

de jiān shì zhe lǎo láng de yì jǔ yí dòng
地监视着老狼的一举一动。

zhè shí tū rán cóng fù jìn shān pō shang cuān
这时，突然从附近山坡上蹿

chū yì zhī dà huī láng xiōng měng de cháo yáng qún pū
出一只大灰狼，凶猛地朝羊群扑

lái mù yáng rén zhèng zhǔn bèi kāi qiāng què
来。牧羊人正准备开枪，却

jiàn nà zhī lǎo láng jìng měng chōng shàng
见那只老狼竟猛冲上

狼对羊群垂涎三尺，便想办法接近羊群。

去，两只狼厮咬起来。经过一番拼杀，大灰狼被打败，逃走了。老狼则又像牧羊犬一样，开始在羊群周围巡逻。牧羊人非常感激老狼，完全相信了他，把他当成牧羊犬一样带回家。过了几天，牧羊人外出办事，便把羊群交给老狼看护。

趁牧羊人不在，狼冲进羊群大开杀戒。

等牧羊人走远了，老狼心想：“哈哈，我终于熬出头了，这回我可要大吃特吃一顿了！”于是，老狼贪婪地吃起羊来，一只接着一只，吃得不亦乐乎。当他吃饱了之后，又把其他的羊全部咬死了。

牧羊人回到家后，看到羊全被咬死了。他后悔地大哭道：“我真是糊涂呀！我怎么会把羊群交给狼看护呢！我忘了，不管这可恶的畜生怎么伪装，狼吃羊的本性是不会改变的啊！”

làng zǐ yǔ yàn zi
浪子与燕子

cóng qián yǒu yí gè nián qīng rén zhěng tiān bú wù zhèng yè jiù
从前有一个年轻人，整天不务正业，就

zhī dào chī hē wán lè dà huǒ er dōu shuō tā shì gè bài jiā zǐ
知道吃喝玩乐，大伙儿都说他是个败家子、

làng zǐ bù jiǔ làng zǐ de fù mǔ qù shì le yú shì làng zǐ
浪子。不久，浪子的父母去世了。于是浪子

yuè fā biàn běn jiā lì méi guò jǐ nián tā jiù bǎ zǔ shàng chuán xià
越发变本加厉，没过几年，他就把祖上传下

浪子在寒冷的冬天看到一只燕子，还以为春天已经到了。

浪子被冻得无处藏身，这时他看到燕子被冻死的尸体，不禁懊悔不已。

lái de chǎn yè dōu huī huò yì kōng le zhǐ shèng xià yí jiàn tiē shēn de wài yī
来的产业都挥霍一空了，只剩下一件贴身的外衣。

yí gè hán lěng de dōng tiān làng zǐ yǐ jīng hǎo jǐ tiān méi chī dōng xi
一个寒冷的冬天，浪子已经好几天没吃东西
le è de dōng dǎo xī wāi zhè shí tā hū rán kàn dào le yì zhī yàn zi
了，饿得东倒西歪。这时，他忽然看到了一只燕子。

làng zǐ xīn xiǎng ng yàn zi huí lái le shuō míng wēn nuǎn de chūn tiān
浪子心想："嗯，燕子回来了，说明温暖的春天
yǐ jīng dào le nà zhè jiàn wài yī chuān bù zháo le zhèng hǎo kě yǐ mài le
已经到了。那这件外衣穿不着了，正好可以卖了
huàn yí dùn fàn chī
换一顿饭吃。"

yú shì làng zǐ jiù bǎ nà jiàn wài yī mài le shuí zhī bù jiǔ
于是，浪子就把那件外衣卖了。谁知，不久，
yí zhèn lǐn liè de běi fēng xí lái tiān gèng lěng le làng zǐ dòng huài le sì
一阵凛冽的北风袭来，天更冷了。浪子冻坏了，四
chù xún zhǎo kě yǐ cáng shēn de dì fang zhè shí tā kàn dào le nà zhī yàn
处寻找可以藏身的地方。这时，他看到了那只燕
zi tā yǐ jīng bèi dòng sǐ le
子，它已经被冻死了。

làng zǐ huǐ hèn de shuō ài wǒ zěn me píng zhe yì zhī niǎo jiù xiāng
浪子悔恨地说："唉，我怎么凭着一只鸟就相
xìn chūn tiān lái le ne shuō wán tā yě sǐ le
信春天来了呢？"说完，他也死了。

lǎo shǔ bào ēn
老鼠报恩

有只老鼠跳到了狮子身上，
狮子愤怒地把他抓了起来。

yán rè de zhōng wǔ, shī zi zhèng pā zài sēn lín de yīn liáng chù shuì dà jiào. hū rán, tā jué de shēn shang yǎng yǎng de, shuì yì dùn shí quán méi le. shī zi zhēng kāi yǎn jing, fā xiàn yì zhī xiǎo lǎo shǔ jìng rán pā zài tā de shēn shang, hái shēn chū zhuǎ zi qīng qīng de bō dòng zhe tā tóu shang de liè máo.

炎热的中午，狮子正趴在森林的阴凉处睡大觉。忽然，他觉得身上痒痒的，睡意顿时全没了。狮子睁开眼睛，发现一只小老鼠竟然趴在他的身上，还伸出爪子轻轻地拨动着他头上的鬣毛。

shī zi jiàn zì jǐ de hǎo jiào bèi jiǎo xǐng le, bù jīn bó rán dà nù. tā měng de shēn chū zhuǎ zi, bǎ nà zhī xiǎo lǎo shǔ zhuā le qǐ lái, zhāng kāi xuè pén dà kǒu jiù yào bǎ lǎo shǔ tūn dào dù zi li.

狮子见自己的好觉被搅醒了，不禁勃然大怒。他猛地伸出爪子，把那只小老鼠抓了起来，张开血盆大口就要把老鼠吞到肚子里。

kàn dào shī zi xiōng è de yàng zi, xiǎo lǎo shǔ xià de wā wā dà jiào qǐ lái: "shī zi dà wáng, wǒ bú shì gù yì de! qǐng nín fàng le wǒ ba.

看到狮子凶恶的样子，小老鼠吓得哇哇大叫起来：“狮子大王，我不是故意的！请您放了我吧。

jiāng lái wǒ yí dìng huì hǎo hāo er bào dá nín de
将来我一定会好好儿报答您的！”

tīng le zhè huà shī zi qīng miè de xiào le jiù píng nǐ zhè gè xiǎo
听了这话，狮子轻蔑地笑了：“就凭你这个小
dōng xi jiāng lái zěn me bào dá wǒ shuō wán tā bǎ lǎo shǔ fàng dào dì
东西，将来怎么报答我？”说完，他把老鼠放到地
shang zǒu kāi le
上，走开了。

shī zi suī rán méi bǎ xiǎo lǎo shǔ fàng zài yǎn li dàn shì tā de bù
狮子虽然没把小老鼠放在眼里，但是他的不
shā zhī ēn què bèi xiǎo lǎo shǔ jì zhù le bù jiǔ shī zi diào jìn liè rén
杀之恩却被小老鼠记住了。不久，狮子掉进猎人
de xiàn jǐng bèi bǎng dào yì kē dà shù shang zhèng zài shī zi zháo jí de shí
的陷阱，被绑到一棵大树上。正在狮子着急的时
hou xiǎo lǎo shǔ chū xiàn le tā zhāng dà zuǐ ba yòng jiān lì de yá chǐ
候，小老鼠出现了。他张大嘴巴，用尖利的牙齿
sān xià liǎng xià jiù bǎ bǎng zhe shī zi
三下两下就把绑着狮子
de shéng zi yǎo duàn le
的绳子咬断了！
shī zi dé jiù le
狮子得救了，
xiǎo lǎo shǔ zhēn de bào
小老鼠真的报
dá le shī zi
答了狮子！

老鼠咬断绳索，救出了被困的狮子。狮子对他感激不尽。

老鼠和公牛

一头公牛仗着自己身强力壮，经常欺负其他弱小的动物。可他实在太凶猛了，所以，小动物们都敢怒不敢言。但有一只小老鼠却不这么想，他总想找机会教训教训公牛。

这一天，公牛正在休息，小老鼠偷偷爬到他的身边，朝他的头使劲儿咬了一口，然后飞快地逃回墙角的洞里。公牛疼醒了，他气坏了，发誓一定要捉到小老鼠，好好儿惩罚他。

于是，公牛来到老

老鼠咬完公牛就溜之大吉，公牛气得火冒三丈。

shǔ de dòng kǒu xiǎng bǎ lǎo
鼠的洞口，想把老
shǔ jiū chū lái kě dòng kǒu tài xiǎo le lián gōng
鼠揪出来。可洞口太小了，连公
niú de yì zhī qián tí dōu fàng bú xià gōng niú
牛的一只前蹄都放不下。公牛
gèng shēng qì le tā dī xià tóu shǐ jìn er qù
更生气了，他低下头，使劲儿去
zhuàng nà dǔ qiáng kě tā lèi de jīn pí lì jìn
撞那堵墙。可他累得筋疲力尽，
nà dǔ qiáng què yì diǎn er yě méi sǔn huài
那堵墙却一点儿也没损坏。

zhè shí xiǎo lǎo shǔ zài dòng li shuō huà le
这时，小老鼠在洞里说话了：
gào su nǐ ba dà rén wù bìng bú shì rèn
“告诉你吧，大人物并不是任
hé shí hou dōu néng shèng lì de yǒu xiē shí
何时候都能胜利的。有些时
hou wēi xiǎo dī jiàn de dōng xi fǎn dào gèng
候，微小低贱的东西反倒更
lì hai nǐ hái shì bú yào xiǎo qiáo
厉害！你还是不要小瞧
nà xiē xiǎo dòng wù ba
那些小动物吧！”

公牛累得筋疲力尽，却怎么也捉不到躲进洞里的老鼠。

老鼠开会

一群老鼠住在一个破仓库里。有一天，不知从哪儿来了一只猫，几天工夫，老鼠就被捉去了一大半。一时间，每只老鼠都吓得胆战心惊，不知道自己哪一天就会变成猫的美餐。

住在仓库里的老鼠经常受到猫的袭击，整天担心吊胆。

这下子，老鼠王坐不住了。于是，他召集起剩下的老鼠，商量对付猫的办法。会上，老鼠们七嘴八舌地议论起来。可是，从早晨起来直到太阳落山，老鼠们也没想出一个好办法。

后来，老鼠王想出个主意。他捻着胡子，得意地说：“如果在猫的脖子上挂个铃铛，只要他一走动，铃铛就会响，我们在很远的地方就能听到，那样不就能及时逃走了吗？”

老鼠王想出个主意，如果在猫的脖子上挂个铃铛，老鼠们听到声音就能逃走了。

“对呀，真是个好主意！”“还是大王聪明啊！”老鼠们兴高采烈地议论起来。

“我这儿正好有一个从垃圾场捡回来的铜铃铛。只要我们把它挂在猫的脖子上，以后就可以高枕无忧了。”老鼠王举着一个铃铛得意扬扬地说。这时，从墙角传来一个小小的声音：“可是，谁去把铃铛挂在猫的脖子上呢？”一只小老鼠胆怯地问。听了这话，老鼠们都不做声了。是呀，这个主意虽然好，可怎么实行呢？

老鼠与青蛙

池塘边的土坡上住着一只老鼠。这天晚上，老鼠从洞里爬出来想透透气儿。这时，他听到不远处的池塘里传来一阵“呱呱”的叫声。老鼠顺着声音走过去，发现一只青蛙正蹲在荷叶上唱歌。

看到老鼠，青蛙亲切地和他打招呼：“嗨，老鼠，你好啊！”老鼠也很开心，于是，他走过去，和青蛙亲热地谈起天儿来。从那儿以后，老鼠和青蛙渐渐成为了无话不谈的好朋友。

这一天，青蛙对老鼠说：“我的

青蛙愚蠢地把老鼠的脚绑在自己的脚上，没意识到这是一种危险的行为。

朋友，不如拿绳子把我们的脚绑在一起吧，那样我们就可以形影不离了。”

听了青蛙的提议，老鼠也觉得不错。于是，他们找来一条绳子，把脚绑在了一起。开始的时候，他们俩一边走一边玩儿，非常开心。

老鹰把老鼠抓了起来，青蛙也跟着被提出了水面。

不知不觉，两个好朋友来到了池塘边，青蛙迫不及待地跳进了水里，却忘了和他绑在一起的老鼠。老鼠不会游泳，不一会儿就被淹死了。

不久，老鼠的尸体浮出水面，可是，他的脚还和青蛙的绑在一起，于是，青蛙也被拉出了水面。正在这时，一只老鹰从空中飞过，他看见水面上的老鼠，毫不犹豫地冲下来，伸出尖利的爪子，抓起了老鼠。青蛙也跟着被提出水面，和老鼠一起成为了老鹰的美餐。

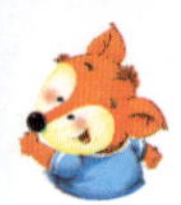

liàn ài de shī zi yǔ nóng fū
恋爱的狮子与农夫

cóng qián yǒu yì zhī shī zi, tā ài shàng le nóng fū de nǚ ér, jiù qǐng qiú nóng fū bǎ nǚ ér jià gěi tā. nóng fū bù rěn xīn jiāng nǚ ér xǔ pèi gěi yě shòu, dàn yòu jù pà shī zi, bù gǎn jù jué.

从前有一只狮子，他爱上了农夫的女儿，就请求农夫把女儿嫁给他。农夫不忍心将女儿许配给野兽，但又惧怕狮子，不敢拒绝。

nóng fū jí zhōng shēng zhì, xiǎng dào yí ge hǎo bàn fǎ. děng shī zi zài cì lái qiú hūn shí, nóng fū duì

农夫急中生智，想到一个好办法。等狮子再次来求婚时，农夫对

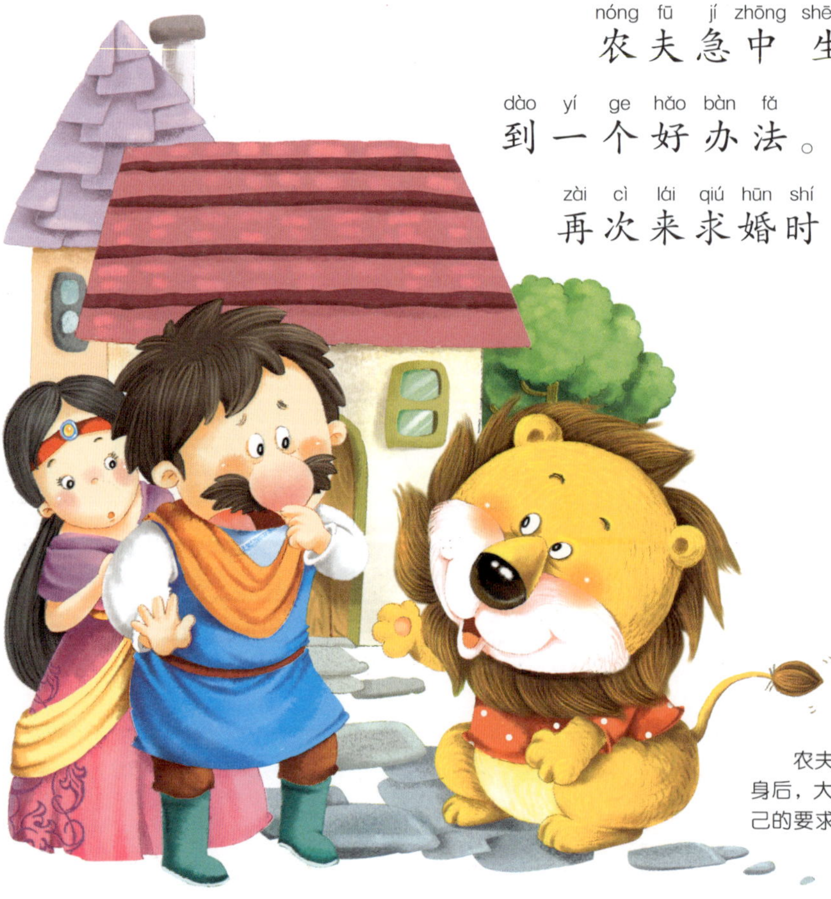

农夫把宝贝女儿护到身后，大着胆子说出了自己的要求。

tā shuō duì nǐ de qiú hūn wǒ men gǎn
他说："对你的求婚，我们感

dào hěn róng xìng kě shì nǐ yì zhāng
到很荣幸。可是，你一张

zuǐ jiù huì lù chū jiān lì de yá chǐ
嘴就会露出尖利的牙齿，

hái yǒu nǐ de zhuǎ zi zhè me yǒu lì
还有，你的爪子这么有力，

wàn yī tā yǒu shén me dì fang rě nǐ
万一她有什么地方惹你

bù gāo xìng nǐ yì shēng qì shāng hài
不高兴，你一生气，伤害

dào tā zěn me bàn a
到她怎么办啊？"

狮子答应了农夫的要求，他拔掉了自己的牙齿，并剪掉了锋利的爪子。

nǐ fàng xīn wǒ bǎo zhèng bù shāng hài
"你放心，我保证不伤害

tā shī zi pāi zhe xiōng fǔ shuō nóng fū zhuāng chū yí fù chí yí de yàng zi
她。"狮子拍着胸脯说。农夫装出一副迟疑的样子

shuō wǒ yīng gāi xiāng xìn nǐ de bǎo zhèng kě shì wàn yī ne chú fēi
说："我应该相信你的保证，可是，万一呢……除非

nǐ bá qù yá chǐ zài duò diào lì zhǎo yào shì nà yàng wǒ jiù bǎ nǚ ér
你拔去牙齿，再剁掉利爪。要是那样，我就把女儿

jià gěi nǐ
嫁给你。"

shī zi yǐ jīng bèi ài qíng chōng hūn le tóu nǎo xiǎng dōu méi xiǎng jiù dā
狮子已经被爱情冲昏了头脑，想都没想就答

ying le nóng fū de yāo qiú yú shì tā zhǎo lái yì bǎ dà qián zi rěn tòng
应了农夫的要求。于是，他找来一把大钳子，忍痛

bá qù le zì jǐ de yá chǐ yòu yòng jiǎn dāo jiǎn qù le zì jǐ de lì zhǎo
拔去了自己的牙齿，又用剪刀剪去了自己的利爪。

dāng nóng fū kàn dào shī zi ruǎn mián mián de jiǎo zhuǎ hé méi yǒu yá chǐ de yá chuáng
当农夫看到狮子软绵绵的脚爪和没有牙齿的牙床

shí zài yě bú pà tā le yòng gùn bàng bǎ tā gǎn huí le sēn lín
时，再也不怕他了，用棍棒把他赶回了森林。

两个好朋友与熊

一位商人和一位农夫结伴同行，他们要经过一个没有人烟的树林。那里是危险地带，所以他们约好了，无论遇见什么危险，两个人都要相互帮助。

他们走进树林不久，危险就来临了——一只大熊从前面朝他们走来。商人动作敏捷，他赶快爬上最近的大树躲起来。可农夫抱着树干就是爬不上去，他只好赶快躺在地上装死。

熊走近后，看见躺在地上的农夫，就过来用鼻子闻，并围着他绕了半天。农夫紧闭双眼，屏住呼吸，一动也不动。大

商人看到熊向他们走来，便扔下农夫，一个人爬到树上躲藏起来。

xióng yǐ wéi nóng fū zhēn de shì ge
熊以为农夫真的是个
sǐ rén jiù zǒu kāi le yīn wèi
死人，就走开了。因为
xióng shì bù chī sǐ rén de
熊是不吃死人的。

zhí dào dà xióng zǒu yuǎn le shāng rén cái cóng shù
直到大熊走远了，商人才从树
shang xià lái nóng fū yě pá le qǐ lái shāng rén jiù wèn nóng fū péng
上下来，农夫也爬了起来。商人就问农夫：“朋
you dà xióng gāng cái fú zài nǐ de ěr páng gēn nǐ shuō le xiē shén me ya
友，大熊刚才伏在你的耳旁跟你说了些什么呀？”

nóng fū zhuāng zuò háo bú zài hu de yàng zi bù jǐn bú màn
农夫装作毫不在乎的样子，不紧不慢
de shuō dà xióng dào shì méi hé wǒ shuō shén me mì mì
地说：“大熊倒是没和我说什么秘密，
tā zhǐ shì gào su wǒ xià cì bú yào zài hé
它只是告诉我，下次不要再和
méi yǒu xìn yòng de rén jiāo péng you la
没有信用的人交朋友啦！”

shāng rén tīng le xiū kuì de
商人听了，羞愧地
dī xià le tóu
低下了头。

熊走近了，农夫没有办法，只好躺在地上装死，这才逃脱了被熊吃掉的噩运。

lǘ zi hé xiǎo gǒu
驴子和小狗

yǒu ge rén yǎng le yì zhī xiǎo gǒu hé yì tóu lǘ zi lǘ zi měi tiān
有个人养了一只小狗和一头驴子。驴子每天
tiān bú liàng jiù yào gàn huó er lèi de yào sǐ yào huó chī de què shì fū pí
天不亮就要干活儿，累得要死要活，吃的却是麸皮
hé kāng ér xiǎo gǒu ne zhěng tiān shén me yě bú gàn què hé zhǔ rén chī yí
和糠。而小狗呢，整天什么也不干，却和主人吃一
yàng de shí wù hái jīng cháng bèi zhǔ rén bào zài huái li qīn rè
样的食物，还经常被主人抱在怀里亲热。

wèi cǐ lǘ zi hěn shēng qì tā jué de zì jǐ hé xiǎo gǒu suī rán
为此，驴子很生气。他觉得自己和小狗虽然
shì tóng yí gè zhǔ rén dàn xiǎo gǒu jiù hǎo xiàng shēng huó zài tiān táng li ér zì
是同一个主人，但小狗就好像生活在天堂里，而自
jǐ zé xiàng dāi zài dì yù li suǒ yǐ lǘ zi zuò mèng dōu xiǎng xiàng xiǎo gǒu
己则像待在地狱里。所以，驴子做梦都想像小狗
nà yàng dé dào zhǔ rén de chǒng ài
那样得到主人的宠爱。

yǒu yì tiān zhǔ rén wài chū chī
有一天，主人外出吃

驴子见主人很宠爱小狗，不禁十分眼红，也想像小狗那样讨主人的欢心。

fàn huí jiā shí dài le xiē hǎo chī de tā gāng dào jiā jiù bǎ měi wèi rēng
饭，回家时带了些好吃的。他刚到家就把美味扔
gěi xiǎo gǒu chī xiǎo gǒu xìng gāo cǎi liè de yáo zhe wěi ba yíng le shàng qù yòng
给小狗吃，小狗兴高采烈地摇着尾巴迎了上去，用
tóu qīn rè de cèng zhe zhǔ rén de jiǎo zhǔ rén gāo xìng de bǎ xiǎo gǒu bào le
头亲热地蹭着主人的脚。主人高兴地把小狗抱了
qǐ lái
起来。

lǘ zi xīn xiǎng guài bù dé zhǔ rén nà me xǐ huan xiǎo gǒu ne yuán
驴子心想：“怪不得主人那么喜欢小狗呢，原
lái zhè jiā huo huì tǎo zhǔ rén de huān xīn hng zhè yǒu shén me nán de wǒ
来这家伙会讨主人的欢心。哼，这有什么难的，我
yě huì yú shì tā yě pǎo guò qù yáo yao wěi ba rán hòu xué xiǎo gǒu
也会！”于是他也跑过去，摇摇尾巴，然后学小狗
de yàng zi tái qǐ qián tí zuò yī méi xiǎng dào yóu yú tí zi tài cháng dòng
的样子抬起前蹄作揖。没想到由于蹄子太长，动
zuò yòu bù shú liàn jié guǒ tī le zhǔ rén yì tí zi zhǔ rén shí fēn qì
作又不熟练，结果踢了主人一蹄子。主人十分气
fèn tòng dǎ le lǘ zi yí dùn bìng bǎ tā shuān dào
愤，痛打了驴子一顿，并把他拴到
le mǎ cáo biān lǘ zi de dài yù bǐ yǐ qián
了马槽边。驴子的待遇比以前
gèng chà le
更差了。

驴子想和主人嬉戏，可是他抬起的蹄子踢到了主人身上，主人生气地痛打了驴子一顿。

luó zi hé qiáng dào
骡子和强盗

驮着财宝的驴子自认为比驮谷物的驴子高贵，却没意识到灾难就要降临。

liǎng tóu luó zi cháng tú bá shè
两头骡子长途跋涉，yì tóu tuó zhe zhuāng mǎn cái bǎo de dài zi lìng yì tóu tuó zhe zhuāng mǎn gǔ wù de dài zi
一头驮着装满财宝的袋子，另一头驮着装满谷物的袋子。

tuó zhe cái bǎo de luó zi zhī dào zì jǐ suǒ zài de dōng xi jià zhí áng guì yú shì tā gāo áng zhe tóu yì biān zǒu yì biān xié zhe yǎn jing kàn zhe tā de tóng bàn yí fù zhǐ gāo qì yáng de shén qíng
驮着财宝的骡子知道自己所载的东西价值昂贵，于是他高昂着头，一边走一边斜着眼睛看着他的同伴，一副趾高气扬的神情。ér nà tóu tuó zhe gǔ wù de luó zi zhǐ shì mò mò de gēn zhe zhǔ rén
而那头驮着谷物的骡子只是默默地跟着主人。tū rán cóng guǎi jiǎo chù chōng chū lái yì qún qiáng dào tā men shǒu zhōng huī wǔ zhe duǎn dāo huá kāi le tuó zhe gǔ wù de luó zi bèi shang de bāo guǒ
突然，从拐角处冲出来一群强盗，他们手中挥舞着短刀，划开了驮着谷物的骡子背上的包裹。jiàn méi yǒu shén me hǎo dōng xi tā men yòu zhuǎn shēn cháo tuó zhe cái bǎo de luó zi chōng le guò qù
见没有什么好东西，他们又转身朝驮着财宝的骡子冲了过去。

qiáng dào men huá kāi bāo guǒ kàn dào le cái bǎo
强盗们划开包裹，看到了财宝，

tā men quán dōu huān hū qǐ lái, qī shǒu bā jiǎo de kāi shǐ qiǎng jié. zhēng dòu
他们全都欢呼起来，七手八脚地开始抢劫。争斗
zhōng, yí gè qiáng dào de duǎn dāo zài luó zi de bèi shang huá chū le yì tiáo cháng
中，一个强盗的短刀在骡子的背上划出了一条长
cháng de kǒu zi, xuè shùn zhe shāng kǒu liú le xià lái.
长的口子，血顺着伤口流了下来。

qiáng dào men ná zhe cái bǎo zǒu le. shòu shāng de luó zi kū sù tā de
强盗们拿着财宝走了。受伤的骡子哭诉他的
bú xìng, lìng yì tóu luó zi què shuō: wǒ hěn gāo xìng qiáng dào bú kàn zhòng
不幸，另一头骡子却说：“我很高兴强盗不看重
wǒ, wǒ méi yǒu yì diǎn sǔn shī, yě méi yǒu shòu shāng.
我，我没有一点损失，也没有受伤。”

shòu shāng de luó zi tīng le zhè fān huà, xiū kuì de shuō: yuán lái,
受伤的骡子听了这番话，羞愧地说：“原来，
cái fù bìng bù zhí dé kuā yào, tā yě huì dài lái zāi nàn a!
财富并不值得夸耀，它也会带来灾难啊！”

强盗刺伤了驮财宝的骡子，开始抢劫财宝。而另一匹驴子因驮着谷物没有引起强盗的注意。

māo yī shēng
猫医生

nóng chǎng biān zhù zhe yì zhī māo zhuān mén tōu jī chī jī yí jiàn dào tā jiù duǒ de yuǎn yuǎn de zhè tiān māo tīng shuō nóng chǎng li yǒu zhī jī shēng bìng le yú shì tā zhuāng bàn chéng yī shēng qù tàn wàng jī
农场边住着一只猫，专门偷鸡吃。鸡一见到他就躲得远远的。这天，猫听说农场里有只鸡生病了，于是，他装扮成医生，去探望鸡。

māo lái dào jī wō qián qiāo le qiāo jǐn bì de mén jiǎ zhuāng qīn rè de shuō wǒ shì yī shēng tīng shuō nǐ bìng le tè yì lái wèi nǐ zhěn zhì
猫来到鸡窝前，敲了敲紧闭的门，假装亲热地说：“我是医生，听说你病了，特意来为你诊治。”

jī tīng dào māo de shēng yīn jǐng tì de shuō wǒ bù xū yào nǐ wèi wǒ kàn bìng zhǐ yào nǐ lí kāi zhè er wǒ de bìng lì kè jiù huì hǎo de māo jiàn jī bù kěn kāi mén zhǐ hǎo huī liū liū de zǒu le
鸡听到猫的声音，警惕地说：“我不需要你为我看病。只要你离开这儿，我的病立刻就会好的。”猫见鸡不肯开门，只好灰溜溜地走了。

猫假扮成医生来给鸡看病，想趁机吃掉她。可是鸡识破了他的真面目，不肯给他开门。

母亲的力量

宙斯通知林中所有的动物，许诺给拥有最漂亮孩子的动物发奖。一只母猴子与其他动物一起赶到宙斯那里，她还带着一只扁鼻无毛、相貌丑陋的小猴子，前来参加评奖。

当她把小猴子给大家看时，引起一阵哄堂大笑，有的还劝她赶快回家，别在这里丢人现眼。但她语气坚定地说：“我不知道宙斯会不会将奖品给我儿子。但至少有一点我十分清楚，在母亲眼里，这小猴子是最可爱的、最漂亮的、最活泼的。”

母猴疼爱地抚摸着小猴的头，她认为自己的孩子是世界上最漂亮的。

mù yáng rén yǔ xiǎo láng
牧羊人与小狼

cūn zi li yǒu gè mù yáng rén tā yǎng le yí dà qún yáng
村子里有个牧羊人，他养了一大群羊。

yǒu yì tiān mù yáng rén gǎn zhe tā de yáng qún dào cūn wài de shān pō shang fàng mù zài yí gè xiǎo cǎo wō li mù yáng rén fā xiàn le jǐ zhī shòu ruò de láng zǎi zi kàn yàng zi tā men yǐ jīng hǎo jiǔ méi chī dōng xi le è de áo áo zhí jiào kàn qǐ lái fēi cháng kě lián mù yáng rén cháo sì chù kàn le kàn bìng méi yǒu fā xiàn mǔ láng de yǐng zi xīn xiǎng mǔ láng kěn dìng yǐ jīng bèi liè rén dǎ sǐ le
有一天，牧羊人赶着他的羊群到村外的山坡上放牧。在一个小草窝里，牧羊人发现了几只瘦弱的狼崽子。看样子，它们已经好久没吃东西了，饿得嗷嗷直叫，看起来非常可怜。牧羊人朝四处看了看，并没有发现母狼的影子，心想，母狼肯定已经被猎人打死了。

牧羊人见几只小狼饿得嗷嗷直叫，不禁动了恻隐之心。

kàn zhe zhè qún láng zǎi zi mù yáng rén xīn xiǎng bù rú bǎ tā men
看着这群狼崽子，牧羊人心想："不如把它们
jiǎn huí qù ba děng tā men zhǎng dà le bù jǐn kě yǐ xiàng kān jiā gǒu yí
捡回去吧，等它们长大了，不仅可以像看家狗一
yàng bǎo hù wǒ de yáng qún bú shòu shāng hài shuō bú dìng hái kě yǐ bāng wǒ bǎ
样保护我的羊群不受伤害，说不定还可以帮我把
bié rén de yáng qiǎng guò lái ne
别人的羊抢过来呢。"

yú shì mù yáng rén ná le gè bāo guǒ bǎ nà jǐ zhī láng zǎi zi dài
于是，牧羊人拿了个包裹，把那几只狼崽子带
le huí qù huí jiā hòu tā jīng xīn de wèi yǎng zhe tā men jiàn jiàn de
了回去。回家后，他精心地喂养着它们。渐渐地，
zhè xiē láng zǎi zi zhǎng dà le kàn zhe féi féi de yáng qún tā men de yǎn jing
这些狼崽子长大了，看着肥肥的羊群，它们的眼睛
li lù chū tān lán de guāng
里露出贪婪的光。

yǒu yì tiān chèn mù yáng rén bú zài jiā zhè xiē láng bǎ mù yáng rén de
有一天，趁牧羊人不在家，这些狼把牧羊人的
yáng dōu yǎo sǐ le bǎo cān yí dùn hòu jiù táo zǒu le
羊都咬死了，饱餐一顿后就逃走了。

mù yáng rén huí lái hòu ào huǐ jí le wǒ
牧羊人回来后，懊悔极了："我
zhēn shì huó gāi láng běn lái jiù shì yáng de dí
真是活该，狼本来就是羊的敌
rén wǒ wèi shén me hái qù wèi yǎng tā
人，我为什么还去喂养它
men a
们啊！"

牧羊人看到羊全被自己养的狼咬死了，感到后悔万分。

niǎo shòu hé biān fú de gù shi

鸟、兽和蝙蝠的故事

hěn jiǔ yǐ qián niǎo lèi hé zǒu shòu yīn wèi yì diǎn er zhēng zhí bào fā le zhàn zhēng biān fú duǒ zài yì páng guān zhàn tā xiǎng kàn nǎ fāng shèng lì le jiù yī fù dào nǎ yì fāng

很久以前，鸟类和走兽因为一点儿争执爆发了战争。蝙蝠躲在一旁观战，他想看哪方胜利了，就依附到哪一方。

yí cì jiāo zhàn zhōng niǎo lèi shèng lì le biān fú biàn lái dào niǎo lèi de zhèn yíng jiǎ zhuāng qīn rè de shuō péng you men gōng xǐ a néng dǎ bài nà xiē cū bào de zǒu shòu nǐ men kàn wǒ yǒu chì bǎng

一次交战中，鸟类胜利了。蝙蝠便来到鸟类的阵营，假装亲热地说：“朋友们，恭喜啊，能打败那些粗暴的走兽。你们看，我有翅膀，

蝙蝠旁观鸟类和走兽之间的战斗，准备加入占上风的一方。

yòu néng fēi xíng qǐng yǔn xǔ
又能飞行，请允许

wǒ jiā rù nǐ men ba
我加入你们吧！”

zhè shí niǎo lèi shí fēn xū
这时，鸟类十分需

yào xīn de huǒ bàn yǐ zēng
要新的伙伴以增

qiáng shí lì suǒ yǐ duì biān fú
强实力，所以对蝙蝠

de jiā rù biǎo shì le rè liè de huān yíng
的加入表示了热烈的欢迎。

鸟类和走兽看清了蝙蝠见风使舵的奸诈面目，于是都拒绝接纳他。

zhàn zhēng yòu kāi shǐ le kě shì biān fú bìng méi yǒu xiàng tā shuō de nà
战争又开始了，可是蝙蝠并没有像他说的那

yàng hé niǎo lèi bìng jiān zuò zhàn tā yòu duǒ dào le yì páng guān zhàn
样和鸟类并肩作战，他又躲到了一旁观战。

zhè yí cì zǒu shòu shèng lì le yú shì biān fú yòu jiā rù le zǒu
这一次，走兽胜利了。于是，蝙蝠又加入了走

shòu de duì wu jiù zhè yàng měi dāng zǒu shòu yíng dé yì cháng shèng lì biān fú
兽的队伍。就这样，每当走兽赢得一场胜利，蝙蝠

jiù jiā rù zǒu shòu de zhèn yíng měi dāng niǎo lèi zhàn jù shàng fēng tā yòu chéng
就加入走兽的阵营。每当鸟类占据上风，他又成

wéi niǎo lèi de huǒ bàn
为鸟类的伙伴。

hòu lái jīng guò xié shāng niǎo lèi hé zǒu shòu yán guī yú hǎo le zhè
后来，经过协商，鸟类和走兽言归于好了。这

shí shuāng fāng dōu zhī dào le biān fú de qī piàn xíng wéi shuí dōu bú yuàn jiē nà
时，双方都知道了蝙蝠的欺骗行为，谁都不愿接纳

tā le cóng cǐ yǐ hòu biān fú zài yě bù gǎn zài bái tiān jiàn rén le tā
他了。从此以后，蝙蝠再也不敢在白天见人了，他

zhǐ hǎo duǒ zài hēi àn de dì fang děng dào yè li cái tōu tōu de fēi chū lái
只好躲在黑暗的地方，等到夜里才偷偷地飞出来

huó dòng yí huì er
活动一会儿。

牛和蛙

有一天，小青蛙们到外面去玩儿。他们从没到过那么远的地方，看见什么都觉得新奇。

在路上，小青蛙们看见了一个怪物。一回家，他们都争着跟妈妈说：“妈妈，我们刚才在河边看见一个全世界最可怕的妖怪！他有那么大。”说

小青蛙们没见过牛，被他奇怪的样子吓坏了。

zhe tā men dōu shǐ jìn shēn zhǎnshuāng bì bǐ hua zhe tā tóu shang dǐng zhe
着，他们都使劲伸展双臂比画着。“他头上顶着

jī jiao shēn hòu yǒu yì gēn cháng wěi ba hái zhǎng zhe sì ge tí zi
犄角，身后有一根长尾巴，还长着四个蹄子。”

lǎo qīng wā xiào le xiào shuō nà bú shì shén me yāo guài zhǐ shì yì
老青蛙笑了笑，说：“那不是什么妖怪，只是一

tóu niú bà le jiǎ ruò wǒ gāo xìng de huà wǒ yě kě yǐ bǎ zì jǐ nòng
头牛罢了。假若我高兴的话，我也可以把自己弄

chéng xiàng niú nà me dà bú xìn nǐ men qiáo zhe ba shuō wán lǎo qīng
成像牛那么大。不信，你们瞧着吧！”说完，老青

wā gǔ qǐ qì lái jǐn liàng shǐ zì jǐ de shēn tǐ zhàng de yuè lái yuè dà
蛙鼓起气来，尽量使自己的身体胀得越来越大。

kàn wǒ xiàn zài shì bú shì xiàng niú yí yàng dà niú bǐ nín
“看！我现在是不是像牛一样大？”“牛比您

hái yào dà xiǎo qīng wā men shuō
还要大！”小青蛙们说。

lǎo qīng wā yòu gǔ zú le qì ràng zì jǐ biàn de gèng dà tā zài wèn
老青蛙又鼓足了气，让自己变得更大，她再问

xiǎo qīng wā men zì jǐ shì bú shì xiàng niú yí yàng dà
小青蛙们，自己是不是像牛一样大。

tā bǐ nín hái yào dà mā ma dà de duō ne xiǎo qīng wā men
“他比您还要大，妈妈，大得多呢！”小青蛙们

qí shēng hǎn dào yú shì qīng wā mā ma yòng lì xī le yí dà kǒu qì xiǎng
齐声喊道。于是，青蛙妈妈用力吸了一大口气，想

bǎ dù zi gǔ de gèng dà shuí zhī
把肚子鼓得更大。谁知

pēng de yì shēng tā de dù
“砰”的一声，她的肚

zi zhàng pò le
子胀破了！

老青蛙为了让孩子们看到自己能比牛还大，就不停地鼓气，让身体越胀越大。

niú lán li de lù
牛栏里的鹿

yì zhī lù bèi liè gǒu zhuī gǎn tā huāng li huāng zhāng de táo jìn le yí
一只鹿被猎狗追赶，他慌里慌张地逃进了一
gè nóng jiā yuàn zi lù fā xiàn yuàn zi de yì jiǎo yǒu gè niú lán máng zuān
个农家院子。鹿发现院子的一角有个牛栏，忙钻
le jìn qù duǒ zài le niú qún li
了进去，躲在了牛群里。

zhè shí yì tóu niú hǎo yì de duì lù shuō wèi wǒ de péng you
这时，一头牛好意地对鹿说：“喂，我的朋友，
nǐ zěn me duǒ dào zhè er lái le wǒ de zhǔ rén zhèng mìng lìng tā de liè gǒu
你怎么躲到这儿来了？我的主人正命令他的猎狗
zhuī gǎn nǐ nǐ zhè bú shì zì tóu luó wǎng ma tīng le niú de huà lù
追赶你，你这不是自投罗网吗？”听了牛的话，鹿
bù yǐ wéi rán de shuō péng you men zhǐ yào nǐ men yǔn xǔ
不以为然地说：“朋友们，只要你们允许

鹿被猎狗追赶，走投无路下，他只好混进牛群里躲藏起来。

我躲在这里，我总能找机会逃走的。”

到了晚上，牧人来喂牛，可他并没有发现鹿。鹿觉得很庆幸，忙向那些牛表示感谢。

这时，主人走过来了。鹿赶忙躲进了草料堆里。只见主人走进牛栏，他翻翻这儿，看看那儿，一边抱怨牧人没把牛的饲料分配好，一边大声训斥长工，嫌他没把牛栏打扫干净。

最后，主人又走到草料堆前，他伸出手翻了翻草料，生气地喊道：“怎么搞的？只有这么一点点草料，还没有晒干！”说着，他抓起草料就想往外扔，这时，他发现了露在草料外面的鹿角。于是，主人立刻喊来人，把鹿捉住，杀掉了。

主人发现鹿后，立刻叫人把鹿捉住杀了。

nóng fū de bǎo zàng

农夫的宝藏

cóng qián yǒu yí gè qín láo de nóng fū tā yǒu yí dà piàn tǔ dì
从前，有一个勤劳的农夫，他有一大片土地，
měi nián dōu néng shōu huò xǔ duō liáng shi nóng fū yǒu sān gè ér zi tā men
每年都能收获许多粮食。农夫有三个儿子，他们
yí gè bǐ yí gè lǎn duò zhěng tiān jiù zhī dào hào chī lǎn zuò nóng fū jīng
一个比一个懒惰，整天就知道好吃懒做。农夫经
cháng jiào yù tā men xī wàng tā men néng xué huì láo dòng kě shì nà sān gè
常教育他们，希望他们能学会劳动。可是，那三个
hái zi cóng lái yě bù bǎ fù qīn de huà fàng zài xīn shang zhào yàng chī hē wán lè
孩子从来也不把父亲的话放在心上，照样吃喝玩乐。

rì zi yì tiān tiān guò qù le nóng fū jiàn
日子一天天过去了，农夫渐
jiàn lǎo le tā yù gǎn dào zì jǐ jiù yào sǐ
渐老了。他预感到自己就要死
le yú shì nóng fū bǎ sān
了。于是，农夫把三
gè ér zi jiào dào chuáng qián
个儿子叫到床前，
duì tā men shuō hái zi
对他们说："孩子

农夫的儿子们整天好吃懒做，从来不干农活。

men wǒ bǎ wǒ suǒ yǒu de cái bǎo
们，我把我所有的财宝
dōu mái zài le zán men jiā de tián dì li
都埋在了咱们家的田地里，
děng wǒ sǐ hòu nǐ men jiù bǎ tā wā chū
等我死后，你们就把它挖出
lái ba shuō wán nóng fū jiù lí kāi le
来吧。”说完，农夫就离开了
rén shì
人世。

农夫的儿子们在田地里翻找财宝，可是找了半天，什么都没有找到。

sān gè xiōng dì ān zàng hǎo fù qīn
三个兄弟安葬好父亲，
jiù ná zhe chú tou lái dào le dì li tā men bǎ zhěng kuài tián dì dōu fān le
就拿着锄头来到了地里。他们把整块田地都翻了
yí biàn kě shì tā men zhǎo biàn le měi gè jiǎo luò què yì wú suǒ huò
一遍，可是他们找遍了每个角落，却一无所获。

bō zhǒng de jì jié dào le sān xiōng dì zhǐ hǎo zài zhè piàn tián dì li bō
播种的季节到了，三兄弟只好在这片田地里播
xià le zhǒng zi shōu huò de jì jié lái le yóu yú zhè piàn tián dì yǐ jīng bèi
下了种子。收获的季节来了，由于这片田地已经被
sān xiōng dì fān le hǎo jǐ biàn tǔ dì biàn de tè bié sōng ruǎn shōu huò de liáng
三兄弟翻了好几遍，土地变得特别松软，收获的粮
shi yě bǐ wǎng nián duō de duō sān xiōng dì bǎ zhè xiē liáng shi ná dào shì chǎng
食也比往年多得多。三兄弟把这些粮食拿到市场
shang mài le gè hǎo jià qián
上，卖了个好价钱。

kàn zhe nà xiē shǎn liàng de jīn bì sān xiōng dì zhōng yú míng bai le fù
看着那些闪亮的金币，三兄弟终于明白了，父
qīn suǒ shuō de cái bǎo qí shí jiù shì xīn qín de láo dòng
亲所说的财宝，其实就是辛勤的劳动。

nóng fū hé tā de ér zi men

农夫和他的儿子们

yáo yuǎn de shān cūn li zhù zhe yí wèi nóng fū tā yǒu wǔ gè ér zi
遥远的山村里住着一位农夫，他有五个儿子，
kě shì zhè wǔ gè ér zi què bìng bù tuán jié rèn píng fù qīn zěn me quàn
可是，这五个儿子却并不团结，任凭父亲怎么劝
shuō tā men jiù shì tīng bú jìn qù
说，他们就是听不进去。

zhè yì tiān nóng fū bǎ wǔ gè ér zi jiào dào miàn qián xīn píng qì hé
这一天，农夫把五个儿子叫到面前，心平气和
de shuō hái zi men nǐ men měi gè rén qù jiǎn jǐ gēn shù zhī gěi wǒ
地说："孩子们，你们每个人去捡几根树枝给我。"
wǔ gè ér zi gè zì cóng wài miàn jiǎn lái hǎo jǐ gēn shù zhī fàng dào nóng fū
五个儿子各自从外面捡来好几根树枝，放到农夫
miàn qián nóng fū bǎ zhè xiē shù zhī láo láo de zhā chéng yì kǔn rán hòu wèn
面前。农夫把这些树枝牢牢地扎成一捆，然后问：
shuí néng bǎ zhè kǔn shù zhī zhé duàn
"谁能把这捆树枝折断？"

农夫拿着一捆树枝，问五个儿子谁能折断它。

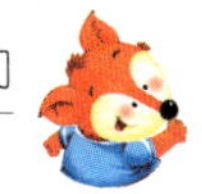

wǔ gè ér zi xīn xiǎng zhè hái bù róng yì ma yú shì tā men
五个儿子心想："这还不容易嘛！"于是，他们
lún fān shàng qián kě shì fèi le jiǔ niú èr hǔ zhī lì shuí yě zhé bú duàn
轮番上前。可是费了九牛二虎之力，谁也折不断
zhè kǔn shù zhī nóng fū ná huí nà kǔn shù zhī bǎ tā jiě kāi fēn gěi wǔ
这捆树枝。农夫拿回那捆树枝，把它解开，分给五
gè ér zi měi rén yì gēn shuō nǐ men zài shì shi kàn kan xiàn zài huì shì
个儿子每人一根，说："你们再试试，看看现在会是
shén me jié guǒ wǔ gè ér zi jiē guo shù zhī pī pā jǐ shēng háo
什么结果。"五个儿子接过树枝，"噼啪"几声，毫
bú fèi lì de bǎ shù zhī quán dōu zhé duàn le
不费力地把树枝全都折断了。

zhè shí nóng fū yǔ zhòng xīn cháng de duì wǔ gè ér zi shuō shù zhī
这时，农夫语重心长地对五个儿子说："树枝
chéng kǔn shí shuí dōu bù néng bǎ tā men zhé duàn yí dàn fēn kāi shuí dōu kě
成捆时，谁都不能把它们折断，一旦分开，谁都可
yǐ qīng yì de jiāng tā zhé duàn xiōng dì zhī jiān yě yí
以轻易地将它折断。兄弟之间也一
yàng zhǐ yào tuán jié qǐ lái jiù shì bù kě zhàn shèng
样，只要团结起来，就是不可战胜
de yí dàn bù tuán jié jiù hěn róng yì bèi gè gè
的。一旦不团结，就很容易被各个
jī pò
击破。"

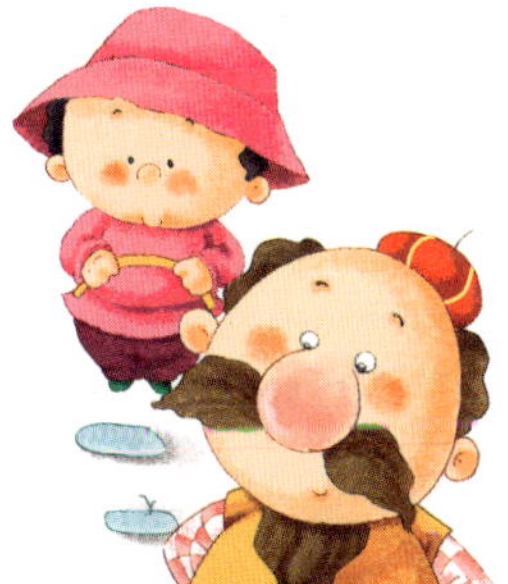
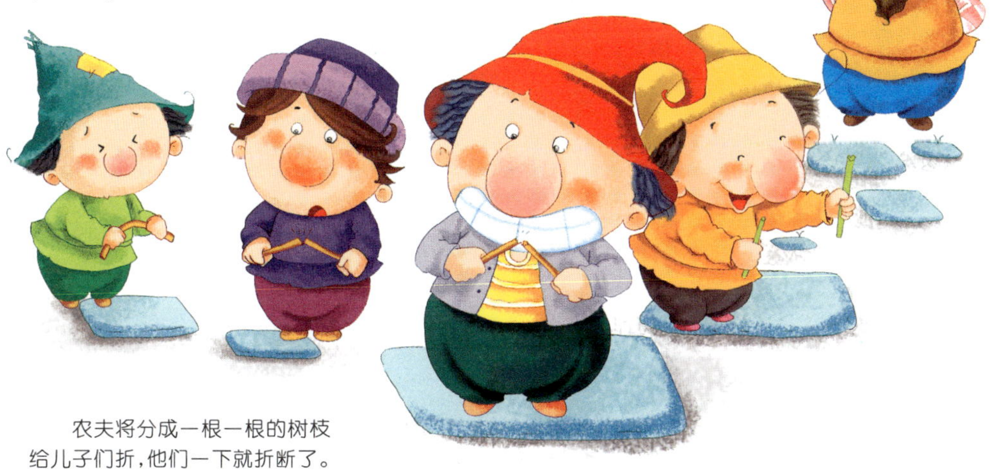

农夫将分成一根一根的树枝
给儿子们折，他们一下就折断了。

nóng fū yǔ shé

农夫与蛇

hán lěng de dōng tiān gāng xià guò dà xuě tiān lěng jí le fēng guā zài
寒冷的冬天，刚下过大雪，天冷极了，风刮在
liǎn shang jiù xiàng dāo gē yí yàng nóng fū tuī kāi jiā mén jué dìng chū qù zǒu
脸上就像刀割一样。农夫推开家门，决定出去走
zǒu tā gāng dào cūn kǒu tū rán jué de cǎi dào le shén me dōng xi
走。他刚到村口，突然觉得踩到了什么东西。

nóng fū dūn xià shēn zi yòng shǒu bō kāi dì shang de xuě tiān na xuě
农夫蹲下身子，用手拨开地上的雪，天哪！雪
xià miàn jìng rán shì yì tiáo dài bān wén de dú shé tā yǐ jīng bèi dòng jiāng le
下面竟然是一条带斑纹的毒蛇！它已经被冻僵了，
jiù xiàng yì gēn bīng lěng de gùn zi nóng fū xīn xiǎng zhè tiáo shé jiù yào dòng
就像一根冰冷的棍子！农夫心想：“这条蛇就要冻
sǐ le duō kě lián a bù xíng wǒ děi jiù jiu tā xiǎng dào zhè lǐ
死了，多可怜啊！不行，我得救救它！”想到这里，
nóng fū jiù bǎ tā jiǎn qǐ lái chuāi zài le zì
农夫就把它捡起来，揣在了自
jǐ de huái li
己的怀里。

shí jiān màn màn de
时间慢慢地
guò qù le shé zài nóng fū
过去了，蛇在农夫

农夫在雪地里发现一条冻僵的蛇，他觉得蛇很可怜，很想救助它。

de huái li jiàn jiàn sū xǐng
的怀里渐渐苏醒
guò lái tā huǎn huǎn de rú dòng
过来。它缓缓地蠕动
zhe shēn zi zhēng kāi le yǎn jing
着身子，睁开了眼睛。

nóng fū jué chá dào shé de
农夫觉察到蛇的
dòng jing lián máng jiě kāi kòu zi
动静，连忙解开扣子，
qīn qiè de duì shé shuō xiǎo jiā huo
亲切地对蛇说：“小家伙，
nǐ xǐng le
你醒了……”

农夫把蛇捡起来，准备把它放进怀里，用自己的身体温暖它。

kě shì hái méi děng nóng fū bǎ huà shuō wán shé yǐ jīng huī fù le xiōng
可是，还没等农夫把话说完，蛇已经恢复了凶
cán de běn xìng tā zhāng kāi dà zuǐ cháo zhe nóng fū de xiōng táng fā chū le zhì
残的本性，它张开大嘴，朝着农夫的胸膛发出了致
mìng de yì jī
命的一击！

dú yè xùn sù shèn tòu dào nóng fū de shēn tǐ li nóng fū hòu huǐ jí
毒液迅速渗透到农夫的身体里，农夫后悔极
le tā jué wàng de hǎn dào wǒ zhēn gāi sǐ zhǐ xiǎng dào jiù tā què wàng
了，他绝望地喊道：“我真该死，只想到救它，却忘
le zhè gè huài dàn de xié è běn xìng shì bú huì gǎi biàn de shuō wán tā
了这个坏蛋的邪恶本性是不会改变的！”说完，他
jiù tíng zhǐ le hū xī
就停止了呼吸。

nóng fū yǔ yīng
农夫与鹰

yǒu yì tiān nóng fū fā xiàn le yì zhī xiàn zài bǔ liè wǎng zhōng de yīng
有一天，农夫发现了一只陷在捕猎网中的鹰。
tā jiàn yīng yòu qiáng zhuàng yòu měi lì yì shí xīn ruǎn jiù jiě kāi le bǔ liè
他见鹰又强壮又美丽，一时心软，就解开了捕猎
wǎng bǎ yīng fàng le chū lái chóng xīn huò dé zì yóu de yīng zài nóng fū tóu
网，把鹰放了出来。重新获得自由的鹰在农夫头
dǐng pán xuán le yí huì er jiù fēi zǒu le guò le hǎo xiē tiān nóng fū yě
顶盘旋了一会儿，就飞走了。过了好些天，农夫也
wàng le zhè jiàn shì
忘了这件事。

yǒu yì tiān nóng fū gàn huó er lèi le jiù kào zài qiáng shang dǎ qǐ dǔn
有一天，农夫干活儿累了，就靠在墙上打起盹
lái tū rán nóng fū bèi yí zhèn pū lēng shēng jīng xǐng le tā zhēng kāi yǎn
来。突然，农夫被一阵“扑棱”声惊醒了，他睁开眼

农夫见鹰困在了捕猎网里，便解开捕猎网，想把鹰放走。

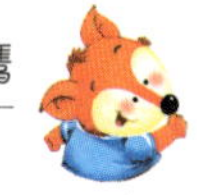

jing fā xiàn yì zhī yīng xiàng tā chōng le guò lái yì bǎ zhuā qǐ tā de mào zi
晴，发现一只鹰向他冲了过来，一把抓起他的帽子
fēi zǒu le
飞走了。

nóng fū qì huài le tā lì kè zhàn qǐ lái cháo yīng zhuī le guò qù
农夫气坏了，他立刻站起来，朝鹰追了过去。
nà zhī yīng yì biān fēi yì biān huí tóu kàn zhe nóng fū tū rán yòu bǎ mào
那只鹰一边飞，一边回头看着农夫，突然又把帽
zi diū zài le dì shang hǎo xiàng zài hé tā kāi wán xiào
子丢在了地上，好像在和他开玩笑。

nóng fū jiǎn qǐ mào zi pāi le pāi shàng miàn de tǔ zhuǎn guò shēn xiǎng
农夫捡起帽子，拍了拍上面的土，转过身想
huí qù jì xù gàn huó er zhè shí tā hū rán fā xiàn zì jǐ kào zhe shuì
回去继续干活儿。这时，他忽然发现自己靠着睡
jiào de nà dǔ qiáng yǐ jīng dǎo tā le
觉的那堵墙已经倒塌了。

nóng fū zhè cái míng bai yīng zhuā zǒu mào zi shì wèi le jiù zì jǐ tā
农夫这才明白，鹰抓走帽子是为了救自己。他
zǐ xì yí kàn fā xiàn nà zhī yīng yuán lái zhèng
仔细一看，发现那只鹰原来正
shì bù jiǔ yǐ qián zì jǐ
是不久以前自己
jiù guò de nà zhī
救过的那只。

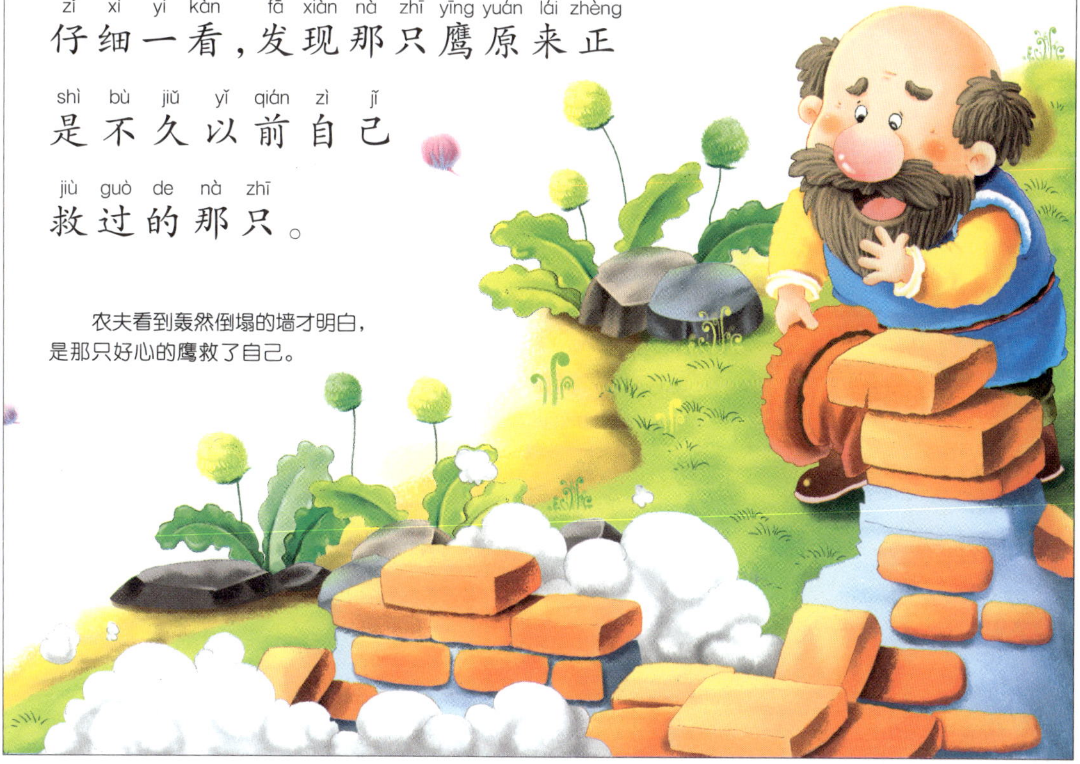

农夫看到轰然倒塌的墙才明白，
是那只好心的鹰救了自己。

披着狮皮的驴子

在大森林中有一头驴子，每次为逃脱猛兽的追捕，都跑得上气不接下气。他想，我要是能变成一头狮子就谁都不用怕了。

这天，驴子正在森林里吃草，突然，发现不远处的灌木丛中有一张狮子皮。猛一看，狮子头栩栩如生，怪吓人的。驴子心想："这下可好了，我披上狮皮扮成狮子，野兽就不会来追赶我喽。"他越想越高兴，于是披上了狮子皮，昂首阔

小动物们看到披着狮皮的驴子，吓得纷纷逃窜。

bù de xiàng qián zǒu qù
步地向前走去。

yí lù pèng jiàn de tù zi sōng shǔ xiǎo lù dōu yǐ wéi jiàn dào le
一路碰见的兔子、松鼠、小鹿，都以为见到了
zhēn shī zi xià de fēn fēn táo cuàn
真狮子，吓得纷纷逃窜。

lǘ zi kàn dào zhè zhǒng chǎng jǐng hòu fēi cháng dé yì guò le yí huì
驴子看到这种场景后非常得意。过了一会
er zhàn zài gāo chù de xiǎo sōng shǔ kàn dào yì zhī láng zǒu guò lái biàn dà
儿，站在高处的小松鼠看到一只狼走过来，便大
shēng hǎn dào láng lái la kuài táo a xiǎo dòng wù men tīng dào hǎn
声喊道：“狼来啦！快逃啊！”小动物们听到喊
shēng mǎ shàng duǒ de duǒ pǎo de pǎo
声，马上躲的躲，跑的跑。

lǘ zi zhèng xiǎng pǎo kāi zhuǎn niàn yì xiǎng wǒ xiàn zài yǐ jīng shì shī
驴子正想跑开，转念一想，我现在已经是狮
zi le zài dòng wù zhōng wǒ zuì liǎo bù qǐ gēn běn bú yòng pà láng yú
子了，在动物中我最了不起，根本不用怕狼。于
shì tā dà yáo dà bǎi de cháo láng zǒu guò qù
是，他大摇大摆地朝狼走过去。

méi xiǎng dào tū rán guā qǐ yí zhèn dà fēng lǘ
没想到，突然刮起一阵大风，驴
zi shēn shang de shī pí bèi chuī pǎo le
子身上的狮皮被吹跑了。
láng kàn dào lòu chū běn lái miàn
狼看到露出本来面
mù de lǘ zi lì jí xiōng
目的驴子，立即凶
měng de cháo tā pū le guò qù
猛地朝他扑了过去，
yí xià zi jiù yǎo duàn le tā
一下子就咬断了他
de hóu lóng
的喉咙！

狼看到露出本来面目的驴子，
立即冲上去，把他咬死了。

pī zhe yáng pí de láng

披着羊皮的狼

cūn zi li yǒu gè mù yáng rén， tā yǎng le yí dà qún yáng， gè gè dōu zhǎng de biāo féi tǐ zhuàng。 cūn zi fù jìn de shù lín li yǒu yì zhī láng， tā zǎo jiù duì zhè xiē yáng chuí xián sān chǐ le。 kě shì， mù yáng rén hái yǎng zhe hǎo jǐ zhī mù yáng quǎn， láng gēn běn jiù méi yǒu jī huì jiē jìn yáng qún。

村子里有个牧羊人，他养了一大群羊，个个都长得膘肥体壮。村子附近的树林里有一只狼，他早就对这些羊垂涎三尺了。可是，牧羊人还养着好几只牧羊犬，狼根本就没有机会接近羊群。

zěn me cái néng chī dào wèi dào xiān měi de yáng ròu ne？ láng wā kōng xīn si， zuó mo le hǎo jiǔ， zhōng yú xiǎng chū le yí gè bàn fǎ。

怎么才能吃到味道鲜美的羊肉呢？狼挖空心思，琢磨了好久，终于想出了一个办法。

tā zhǎo lái yì zhāng yáng pí， pī zài zì jǐ shēn

他找来一张羊皮，披在自己身

狼看到膘肥体壮的羊，不禁垂涎三尺。

上，然后趁着牧羊人不注意，偷偷地混进了羊群，等待机会下手。

晚上，牧羊人赶着羊群回家了，到羊圈门口时，狼第一个冲了进去。牧羊人一下子就发现了他那条大尾巴。牧羊人赶紧拦住了羊群，不让他们进圈。然后，牧羊人把牧羊犬放进了羊圈，又紧紧关上圈门。

狼吓坏了，连忙想溜。可已经来不及了，几只牧羊犬凶猛地朝他扑了过去。这只狼根本不是几只牧羊犬的对手。在他们的围攻下，不一会儿，狼就一命呜呼了。

牧羊人认出了披着羊皮的狼，就放出牧羊犬把狼咬死了。

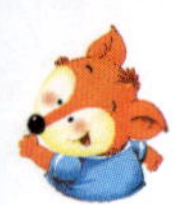

qiáo fū yǔ fǔ tóu
樵夫与斧头

shān jiǎo xià zhù zhe yí ge pín qióng de qiáo fū hé tā nián mài duō bìng de lǎo mǔ qīn。 wèi le gěi mǔ qīn zhì bìng， tā měi tiān dōu yào shàng shān kǎn chái。

山脚下住着一个贫穷的樵夫和他年迈多病的老母亲。为了给母亲治病，他每天都要上山砍柴。

zhè tiān， qiáo fū bù xiǎo xīn bǎ fǔ tóu diào dào shuǐ li qù le。 shuǐ tán hěn shēn， tā yòu bù shí shuǐ xìng， jí de dà kū qǐ lái。 zhè shí， yí ge lǎo shén xiān mào chū shuǐ miàn wèn：“xiǎo xiōng di， nǐ wèi shén me kū ya？”

这天，樵夫不小心把斧头掉到水里去了。水潭很深，他又不识水性，急得大哭起来。这时，一个老神仙冒出水面问：“小兄弟，你为什么哭呀？”

qiáo fū bǎ qíng kuàng gào su le lǎo shén xiān。 lǎo shén xiān wēi xiào zhe shuō：“wǒ bāng

樵夫把情况告诉了老神仙。老神仙微笑着说：“我帮

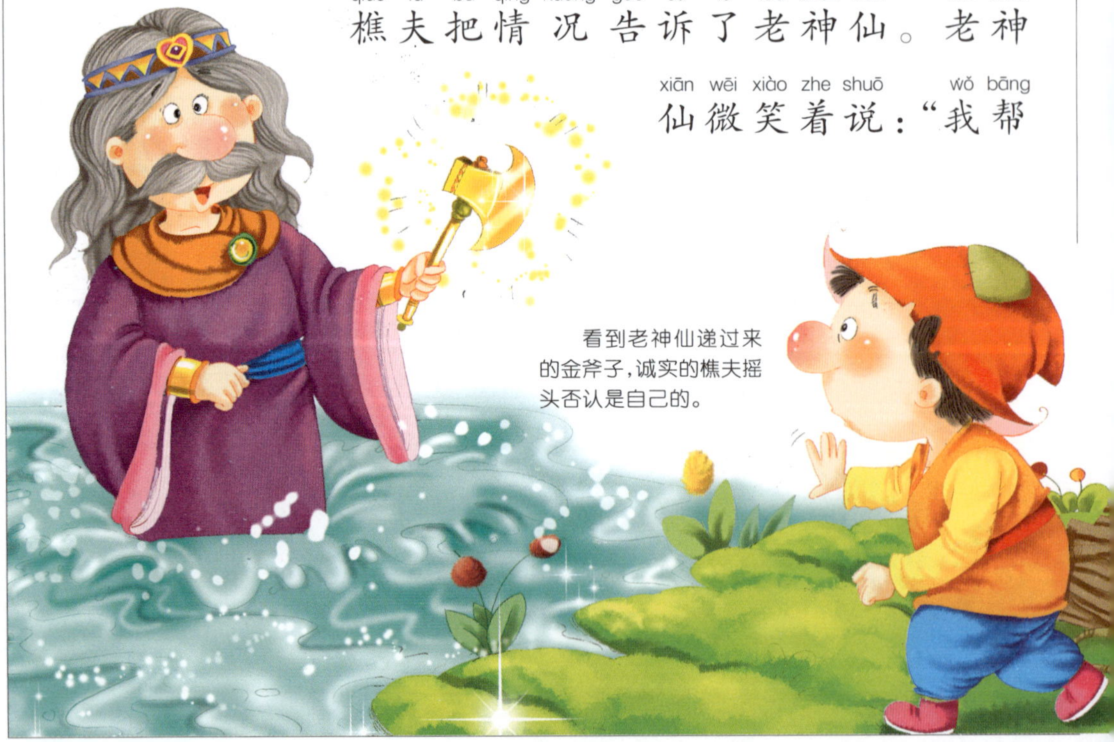

看到老神仙递过来的金斧子，诚实的樵夫摇头否认是自己的。

你捞斧头吧。”

不一会儿，老神仙从河里捞出一把金斧头，问：“这把斧头是你的吗？”樵夫摇摇头。接着，老神仙又捞起一把银斧头，樵夫又摇摇头。当老神仙再次出现时，手里拿着的正是他那把铁斧头。樵夫连忙接了过来，感激地说：“谢谢您，这才是我的斧头。”老神仙见樵夫很诚实，便把金斧头和银斧头都送给了他。樵夫回家后卖掉金斧头和银斧头，为老母亲治好了病，过上了幸福生活。

贪心的樵夫也想得到金斧子，便故意把斧子丢进河里。

另外一个樵夫十分贪心。他听说有这种好事，便把准备好的铁斧头扔进潭里，然后就坐在潭边放声大哭。和上次一样，老神仙出现了。贪心的樵夫毫不犹豫地拿着金斧和银斧美滋滋地跑掉了。他边走边做美梦，结果不小心掉到深潭里，淹死了。

泉边的鹿

森林的泉边住着一只梅花鹿。他长得漂亮极了：健壮的身体、金黄的皮衣，上面还撒满洁白的花瓣，特别是一对神气的鹿角，就像美丽的珊瑚树，弯弯地插向天空。

可是，梅花鹿并不满意，他总认为，相对于美丽的鹿角，他的腿实在太细小了。为此，朋友们经常劝告他："腿才是对你最有用的。有了它们，你才能快速奔跑，逃脱猛兽的追捕。"

尽管如此，梅花鹿还是闷闷不乐。这

狮子发现了一只梅花鹿，猛地向他扑了过来。

鹿逃进了树林，可是鹿角却被树枝剐住。鹿再也无法奔跑，结果被狮子捉住了。

yì tiān méi huā lù yòu lái dào quán biān duì zhe quán shuǐ kàn zì jǐ yìng zài shuǐ zhōng de yǐng zi jīng zhì de lù jiǎo fàn zhe jīn guāng de pí yī zhēn shì tài měi le

一天，梅花鹿又来到泉边，对着泉水看自己映在水中的影子。精致的鹿角，泛着金光的皮衣，真是太美了！

kě suí zhe mù guāng de xià yí méi huā lù yòu bù gāo xìng le tǎo yàn de tuǐ zhēn shì nán kàn sǐ le

可随着目光的下移，梅花鹿又不高兴了：“讨厌的腿，真是难看死了！”

zhèng zài zhè shí yì tóu shī zi tōu tōu kào le guò lái méi huā lù yí jiàn máng sā kāi tuǐ cháo sēn lín de fāng xiàng pǎo qù yí xià zi jiù bǎ shī zi shuǎi zài le hòu miàn shì yā lù de lì liàng dōu zài tuǐ shang ér shī zi de lì liàng què zài xīn li tā zěn me néng pǎo dé guò lù ne

正在这时，一头狮子偷偷靠了过来。梅花鹿一见，忙撒开腿朝森林的方向跑去，一下子就把狮子甩在了后面。是呀，鹿的力量都在腿上，而狮子的力量却在心里，他怎么能跑得过鹿呢？

jiù zài shī zi qì chuǎn xū xū xiǎng fàng qì de shí hou méi huā lù de jiǎo què bèi yí cù shù zhī guà zhù le wú lùn tā zěn me nǔ lì dōu zhèng tuō bù liǎo shī zi jiàn le dà jiào zhe pū le shàng qù

就在狮子气喘吁吁想放弃的时候，梅花鹿的角却被一簇树枝挂住了。无论他怎么努力，都挣脱不了，狮子见了，大叫着扑了上去。

lín sǐ zhī qián méi huā lù huǐ hèn de shuō wǒ zhēn hú tu a bèi zì jǐ xìn lài hé chǒng ài de dōng xi duàn sòng le xìng mìng

临死之前，梅花鹿悔恨地说：“我真糊涂啊，被自己信赖和宠爱的东西断送了性命！”

sān tóu gōng niú yǔ shī zi

三头公牛与狮子

hóng niú hēi niú hé huáng niú shì sān xiōng dì tā men shēng huó zài dà
红牛、黑牛和黄牛是三兄弟，他们生活在大
cǎo yuán shang guān xì fēi cháng qīn mì
草原上，关系非常亲密。

yì tiān yì tóu jī è de shī zi fā xiàn le tā men biàn měng chōng
一天，一头饥饿的狮子发现了他们，便猛冲
guò qù huáng niú fā xiàn le shī zi gǎn jǐn zhāo hu xiōng dì men jǐn jǐn de
过去。黄牛发现了狮子，赶紧招呼兄弟们紧紧地
wéi chéng yí ge quān děng dài lái xí de shī zi shī zi měng chōng
围成一个圈，等待来袭的狮子。狮子猛冲
guò lái hóng niú yòng jiǎo yì tiǎo yí xià jiù bǎ tā tiǎo chū lǎo
过来，红牛用角一挑，一下就把他挑出老
yuǎn shī zi zhòng zhòng de shuāi zài dì
远。狮子重重地摔在地
shang pá qǐ lái huī liū liū de zǒu
上，爬起来灰溜溜地走

狮子打不过三头公牛，于是他使用离间计，在三兄弟之间挑拨离间。

了。狮子很不甘心。他想只有把他们分开，各个击破才是上策。

三头公牛打得筋疲力尽。这时狮子出现了，他轻松地把三头公牛都咬死了。

一天，三兄弟没在一起吃草。狮子就趁机来到黑牛的身边，奉承地说：“黑牛大哥，你的力量那么大，我真佩服你。可是红牛对我说，那天要不是他把我挑翻在地，你一定会被我吃掉。”黑牛一听气得直喘粗气。

狮子又分别跑到红牛、黄牛那儿故伎重施，结果他们也上当了。没几天，三头公牛不再互相信任。最后，他们竟然吵了起来，甚至拳脚相加。狮子见攻击公牛的时机已经成熟，便露出了凶恶的嘴脸，扑向了不再和睦的公牛群，一头一头地将他们撕成了碎片。

生金蛋的鹅

shēng jīn dàn de é

cóng qián yǒu yí duì jì lǎn duò yòu tān lán de lǎo fū fù tā men shén me huó er yě bú gàn què lǎo xiǎng zhe fā dà cái tā men měi tiān dōu xiàng shén dǎo gào qí qiú shén cì gěi tā men cái fù shén bèi tā men qiú de bú nài fán le jiù cì gěi le tā men yì zhī é zhè zhī é měi tiān dōu huì xià yí gè jīn dàn

从前，有一对既懒惰又贪婪的老夫妇，他们什么活儿也不干，却老想着发大财。他们每天都向神祷告，祈求神赐给他们财富。神被他们求得不耐烦了，就赐给了他们一只鹅，这只鹅每天都会下一个金蛋！

cóng nà er yǐ hòu fū fù liǎ kào zhe zhè zhī huì xià jīn dàn de é fā le cái tā men mǎi le tián dì gài le fáng zi zài yě bù yòng wèi shēng

从那儿以后，夫妇俩靠着这只会下金蛋的鹅发了财，他们买了田地，盖了房子，再也不用为生

有对老夫妇得到了一只鹅，这只鹅每天都能生一个金蛋。

huó fā chóu le
活发愁了。

kě shì fū fù liǎ bìng bù mǎn zú tā men jué de yì tiān yí gè jīn
可是，夫妇俩并不满足，他们觉得一天一个金
dàn shí zài tài shǎo le yú shì qī zi duì zhàng fu shuō é de dù zi
蛋实在太少了。于是，妻子对丈夫说：“鹅的肚子
li yí dìng hái yǒu xǔ duō jīn dàn bù rú wǒ men bǎ tā shā le qǔ chū nà
里一定还有许多金蛋，不如我们把它杀了，取出那
xiē dàn hái shěng de tiān tiān wèi tā le
些蛋，还省得天天喂它了。”

zhàng fu tīng le yě hěn gāo xìng yú shì
丈夫听了也很高兴。于是，
tā men zhuā qǐ nà zhī é shā diào le kě
他们抓起那只鹅，杀掉了。可
tā men pōu kāi é de dù zi yí kàn lǐ
他们剖开鹅的肚子一看，里
miàn shén me yě méi yǒu fū fù liǎ zài
面什么也没有！夫妇俩再
yě méi yǒu jīn dàn le tā men yòu tè
也没有金蛋了，他们又特
bié lǎn duò méi jǐ nián jiù bǎ jiā chǎn
别懒惰，没几年就把家产
quán hào guāng le
全耗光了。

夫妻俩想杀死鹅，取出鹅肚子里所有的金蛋。

狮子和牧羊人

一天，一头狮子正在散步，一不小心，踩到了一根荆棘。狮子无法把它拔出来，只好抬起受伤的爪子，向正在放牧的牧羊人求助。

猛然见到这么一头大狮子，牧羊人吓了一跳。可他马上发现，这头狮子的表情非常痛苦。顺着狮子的目光，牧羊人发现了他脚上的那根荆棘。

狮子跑到牧羊人面前，请求牧羊人拔掉自己爪子上的刺。

"原来是这样啊！"牧羊人松了口气。于是，他拿出一个小镊子，轻轻地把狮子脚上的荆棘拔了下来。这下子，狮子觉得轻松极了，他亲热地向牧羊人摇了摇尾巴，转身走了。

不久，牧羊人受人诬陷，被关进了牢房，法官判决要拿他去喂狮子。当牧羊人被带到狮子笼的时候，奇怪的事情发生了。只见那头狮子并没有扑过去，而是慢慢走到牧羊人的身边，还伸出舌头亲热地舔着牧羊人的手。原来，他就是曾经被牧羊人救助的那头狮子。

见到这种情况，人们都认为牧羊人一定是被冤枉的。国王查明事情的真相后，便把牧羊人释放了。

牧羊人被关进了狮子笼里，狮子认出牧羊人后，上前亲热地舔他的手。

狮子和农夫

有一天，百兽之王狮子不小心中了猎人的圈套，他好不容易才挣脱出来。猎人发现后立刻追了上来，很快就要追到了。狮子慌不择路，逃进了一个农夫的家里。

猎人到处找不到狮子，只好走掉了。惊魂未定的狮子正想离开，没想到农夫竟然跑过去，把大门关上了。原来，他

狮子好不容易脱离了猎人的圈套，逃进了农夫家。

xiǎng huó zhuō shī zi
想活捉狮子。

shī zi yí kàn fā nù le tā zài nóng fū de yuàn zi li héng chōng
狮子一看，发怒了，它在农夫的院子里横冲
zhí zhuàng tā shǒu xiān chuǎng jìn le yáng juàn yǎo sǐ le hǎo jǐ zhī yáng rán hòu
直撞。它首先闯进了羊圈，咬死了好几只羊，然后
yòu chōng xiàng le niú lán bǎ niú lán li de niú xià de dào chù luàn cuàn kàn
又冲向了牛栏，把牛栏里的牛吓得到处乱窜。看
dào zhè zhǒng qíng kuàng nóng fū bù zhī dào yīng gāi yòng shén me bàn fǎ lái zhì zhǐ
到这种情况，农夫不知道应该用什么办法来制止
shī zi tā gǎn dào zì shēn nán bǎo yú shì lì kè dǎ kāi mén bǎ shī zi
狮子，他感到自身难保，于是立刻打开门，把狮子
fàng le chū qù
放了出去。

zhè xià zi bào zào de shī zi zhōng yú zǒu le nóng fū kàn zhe mǎn yuàn
这下子，暴躁的狮子终于走了，农夫看着满院
zi de sǐ yáng bēi tàn bù yǐ zhè shí nóng fū de qī zi huí lái le
子的死羊，悲叹不已。这时，农夫的妻子回来了，
tā kàn dào jiā li zhè fù jǐng xiàng biàn xún wèn le shì qíng de jīng guò
她看到家里这副景象，便询问了事情的经过，
rán hòu duì zhàng fu shuō ài duì yú nà kě pà de shī zi
然后对丈夫说：“唉，对于那可怕的狮子
rén men duǒ bì dōu lái bù jí nǐ
人们躲避都来不及，你
què xiǎng yào bǎ tā guān qǐ lái
却想要把它关起来。
nǐ zhēn shì zì tǎo kǔ
你真是自讨苦
chī a
吃啊！”

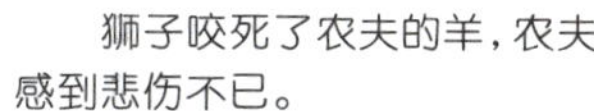
狮子咬死了农夫的羊，农夫感到悲伤不已。

狮子和他的三个顾问

听说好多有名望的人都有顾问，百兽之王狮子也心动了。于是，他从动物当中选取了羊、狼和狐狸担任他的顾问。可这不过是个幌子，狮子根本就不听顾问们的劝告，甚至老想着怎么才能吃掉他们。因此，这三个顾问整天都提心吊胆的。

这一天，狮子感觉有点儿上火，嘴里隐隐发出一股怪味儿，闻起来非常臭。可是，狮子又不敢确定，于是，他叫来了三

狮子在他的三个顾问面前耀武扬威，顾问们都很怕他。

个顾问，想听一下他们的意见。

狮子首先对羊说：“我觉得很不舒服，嘴里有股臭味儿，你闻闻，是不是？”

羊走上前去，仔细闻了闻，说：“是的，闻起来臭极了。”“你竟敢说我臭极了！”狮子一听大怒，他张开大嘴，一口咬断了羊的脖子。

接着，狮子又把狼叫来，问他同样的问题。看着旁边羊的尸体，狼吓得胆战心惊，他假装闻了几下，说：“报告……大王，我什么也闻不到。”狮子又把这个说谎的家伙咬死了。

最后，狮子又让狐狸闻。狐狸狡猾地说：“大王，我感冒了，什么味儿都闻不到。”狮子没办法，只好把狐狸放了。

狮子问狐狸有没有闻到自己嘴里的臭味，狡猾的狐狸谎称自己感冒了，闻不到味儿。

wū yā hē shuǐ
乌鸦喝水

yán rè de xià tiān dào le shān pō shang xiǎo dòng wù men dōu duǒ jìn liáng
炎热的夏天到了，山坡上，小动物们都躲进凉
kuai de wū zi li zhǐ yǒu zhī liǎo pā zài shù zhī shang jiào gè bù tíng
快的屋子里，只有知了趴在树枝上叫个不停。

zhè shí cóng yuǎn chù fēi guò lái yì zhī wū yā tā kǒu kě le zhèng
这时，从远处飞过来一只乌鸦，他口渴了，正
zài zhǎo shuǐ hē wū yā fā xiàn shān pō shang yǒu yí gè guàn zi lǐ miàn zhuāng
在找水喝。乌鸦发现山坡上有一个罐子，里面装
zhe bàn guàn shuǐ wū yā gāo xìng de fēi guò qù kě guàn zi kǒu tài xiǎo le
着半罐水，乌鸦高兴地飞过去，可罐子口太小了，
wū yā de zuǐ ba yòu bú gòu cháng tā jí chū le yì shēn hàn hái shì méi yǒu
乌鸦的嘴巴又不够长，他急出了一身汗，还是没有
hē dào yì kǒu shuǐ
喝到一口水。

yào shì bǎ guàn zi chuō gè dòng
“要是把罐子戳个洞，
huò xǔ jiù néng hē dào shuǐ le wū yā
或许就能喝到水了。”乌鸦
xiǎng zhe shēn chū zuǐ ba cháo guàn zi pēng
想着，伸出嘴巴朝罐子“砰
pēng de chuō le qǐ lái
砰”地戳了起来。

口渴的乌鸦找到一个装着水的罐子。可是罐口太小了，乌鸦的嘴怎么也够不到罐里的水。

dàn shì guàn zi tài jiē shi le
但是，罐子太结实了，
wū yā de zuǐ ba dōu chuō téng le tā
乌鸦的嘴巴都戳疼了，它
hái shì hǎo hāo er de zhè kě zěn me bàn wū yā tíng xià
还是好好儿的。这可怎么办？乌鸦停下
lái xiǎng le xiǎng pāi zhe chì bǎng fēi zǒu le guò le yí huì er
来，想了想，拍着翅膀飞走了。过了一会儿，
tā yòu fēi le huí lái zhǐ jiàn tā lái dào shuǐ guàn biān bǎ yí gè dōng xi
他又飞了回来。只见他来到水罐边，把一个东西
tǔ dào shuǐ guàn li yuán lái shì yì kē xiǎo shí zǐ
吐到水罐里，原来是一颗小石子！

xiǎo shí zǐ luò rù guàn zi li shuǐ miàn jiù shēng gāo le yì diǎn diǎn tā
小石子落入罐子里，水面就升高了一点点。他
yòu xián lái yí kuài xiǎo shí zǐ tóu dào guàn zi li shuǐ miàn yòu shēng gāo le yì
又衔来一块小石子，投到罐子里，水面又升高了一
diǎn diǎn wū yā tóu jìn guàn zi li de shí zǐ yuè lái yuè duō guàn zi li
点点。乌鸦投进罐子里的石子越来越多，罐子里
de shuǐ miàn yě yuè lái yuè gāo
的水面也越来越高。

zhōng yú shuǐ zhǎng dào guàn zi kǒu
终于，水涨到罐子口
le wū yā bǎ zuǐ shēn jìn guàn zi li
了。乌鸦把嘴伸进罐子里，
gū dōng gū dōng de hē le qǐ lái
咕咚咕咚地喝了起来。
wū yā xīn xiǎng zhè shì wǒ hē
乌鸦心想："这是我喝
guò de zuì tián de shuǐ le zhī
过的最甜的水了。"知
liǎo kàn dào zhè lǐ yóu zhōng de zàn
了看到这里，由衷地赞
tàn dào nǐ zhēn cōng míng
叹道："你真聪明！"

聪明的乌鸦衔来一颗又一颗小石子，投进罐子里，使水位越升越高。

乌鸦和狐狸

一只乌鸦叼着一大块肉停在树上休息。树下的洞中住着一只狐狸。他刚一出洞，就看到了乌鸦嘴里的那块大肥肉。

狐狸馋得口水都流了出来。他装出毕恭毕敬的模样，给乌鸦作揖请安，说：“乌鸦大王，您早啊！”乌鸦觉得很奇怪，心想：“这狡猾的狐狸，我什么时候变成大王啦？”

狐狸接着说：“大王，难道您还没听到消息吗？您已经在

狐狸看到乌鸦嘴里的大肥肉，馋得口水都流出来了。

zuó wǎn dāng xuǎn wéi niǎo lèi de dà wáng la
昨晚当选为鸟类的大王啦！”

wū yā gāng xiǎng zhāng zuǐ wèn ge jiū jìng lì
乌鸦刚想张嘴问个究竟，立

kè yì shi dào zì jǐ zuǐ li hái diāo zhe kuài dà
刻意识到自己嘴里还叼着块大

féi ròu ne yú shì tā yáo yao tóu biǎo shì zì
肥肉呢。于是他摇摇头，表示自

jǐ bú dà xiāng xìn
己不大相信。

hú li jì xù shuō zhè kě shì qiān zhēn wàn què de wǒ xiǎng xiàng
狐狸继续说：“这可是千真万确的。我想，像

nín zhè yàng jì néng gàn yòu cōng míng měi lì de niǎo zǎo jiù gāi dāng niǎo zhōng zhī
您这样既能干又聪明美丽的鸟，早就该当鸟中之

wáng le wū yā tīng de xīn li lè kāi le huā hú li yòu shuō nín de
王了。”乌鸦听得心里乐开了花。狐狸又说：“您的

chì bǎng rú cǐ guāng huá bǐ de shàng kǒng què de huā yǔ nín de xiōng pú xiàng
翅膀如此光滑，比得上孔雀的花羽，您的胸脯像

lǎo yīng yí yàng qiáng jiàn kě shì wǒ hái méi tīng guo nín de shēng yīn ne wǒ
老鹰一样强健。可是我还没听过您的声音呢，我

xiāng xìn nín chàng qǐ gē lái yí dìng bǐ bǎi líng niǎo hái yào hǎo tīng
相信您唱起歌来一定比百灵鸟还要好听。”

zhè xià wū yā gèng jiā dé yì le yú shì tā
这下乌鸦更加得意了。于是，他

zhāng kāi zuǐ xiǎng gāo gē yì qǔ kě shì tā hái
张开嘴想高歌一曲。可是，他还

méi fā chū yí gè yīn fú zuǐ li de ròu jiù diào
没发出一个音符，嘴里的肉就掉

dào dì shang le
到地上了。

乌鸦被狐狸的甜言蜜语哄得忘乎所以。他张开口，想要一展歌喉，没想到嘴里的肥肉一下子掉到地上了。

想当歌唱家的驴子

有一头驴子整天无所事事，东游西逛。这一天，驴子正在森林里散步，忽然听到树荫里传来一阵动听的歌声。

“是谁的歌声这么美妙啊？”驴子抬起头，在树荫里发现了一只蝉，歌声就是她发出来的。驴子想：“蝉的歌声多好听啊！要是我也能唱出这么悦耳的歌声，那该多好啊！”

于是，他打断了蝉的歌声，向蝉请教道：“请问，你为什么能发出这样美妙的声

驴子被蝉美妙动听的歌声打动了，也想发出同样悦耳动听的声音。

音？”蝉诚实地回答道：“我们的嗓音就是这样，天生就会唱歌。”

对于蝉的说法，驴子很不以为然，他认为这么好听的嗓子一定是后来练就的。“那一定和你们吃的东西有关了。请问你们都吃些什么啊？”驴子又问道。

“我们吃的是露水。”蝉如实回答。“那从今天起我也吃露水。相信不久以后，我就会成为一名伟大的歌唱家的！”驴子开心地叫起来。

从此以后，驴子除了露水什么也不吃。没过几天，他就饿死了。

驴子以为蝉的嗓音和他们吃的东西有关，于是也像蝉一样每天只吃露水，结果没多久就饿死了。

xiǎo tōu hé tā de mǔ qīn
小偷和他的母亲

cóng qián zài yí ge chéng zhèn li zhù zhe mǔ zǐ
从前，在一个城镇里住着母子
èr rén mǔ qīn fēi cháng nì ài zì jǐ de hái zi
二人。母亲非常溺爱自己的孩子，
hái zi zuò shén me tā dōu zhī chí
孩子做什么她都支持。

yǒu yì tiān hái zi fàng xué huí jiā
有一天，孩子放学回家，
duì mǔ qīn shuō mā ma wǒ kàn dào tóng
对母亲说：“妈妈，我看到同
xué de xiě zì bǎn hěn piào liang jiù tōu
学的写字板很漂亮，就偷
zhe fàng dào wǒ shū bāo li méi
着放到我书包里……”没
xiǎng dào mǔ qīn xiào zhe dǎ duàn tā de
想到母亲笑着打断他的
huà shuō wǒ de hǎo hái zi nǐ zhēn néng gàn
话，说：“我的好孩子，你真能干，
xiàn zài yōng yǒu yí kuài piào liang de xiě zì bǎn le
现在拥有一块漂亮的写字板了。”

孩子偷回一个写字板，母亲不但不责备他，反而夸奖他。

guò le yí ge xīng qī hái zi yòu cóng wài miàn dài huí lái yí jiàn wài
过了一个星期，孩子又从外面带回来一件外
tào jiāo gěi mǔ qīn shuō rén jia zài wài miàn liàng yī fu wǒ shùn shǒu ná huí
套交给母亲说：“人家在外面晾衣服，我顺手拿回
lái le mǔ qīn duì ér zi shuō wǒ de hǎo hái zi nǐ zhēn néng gàn
来了。”母亲对儿子说：“我的好孩子，你真能干，

xià cì duō ná jǐ jiàn huí lái shuō wán tā bào zhù hái zi qīn le yí xià
下次多拿几件回来。”说完，她抱住孩子亲了一下。

rì zi yì tiān tiān guò qù hái zi jiàn jiàn zhǎng dà le tā yǐ jīng
日子一天天过去，孩子渐渐长大了。他已经
yóu xiǎo tōu xiǎo mō biàn chéng guàn tōu hé dà dào le hòu lái jìng qù tōu dào yín
由小偷小摸变成惯偷和大盗了，后来竟去偷盗银
xíng jīn kù li de cái bǎo dào zéi bèi zhuā hòu bèi pàn sǐ xíng dāng tā
行金库里的财宝。盗贼被抓后，被判死刑。当他
bèi yā sòng xíng chǎng shí mǔ qīn gēn zài hòu miàn tòng kū qǐ lái xíng xíng
被押送刑场时，母亲跟在后面，痛哭起来。行刑
de rén wèn dào zéi nǐ kuài yào sǐ le hái yǒu shén me yāo qiú ma dào
的人问盗贼：“你快要死了，还有什么要求吗？”盗
zéi shuō wǒ xiǎng hé wǒ mǔ qīn shuō jǐ jù qiāo qiāo huà
贼说：“我想和我母亲说几句悄悄话。”

mǔ qīn jí máng zǒu shàng qián bǎ ěr duo còu guò qù ér zi yì kǒu
母亲急忙走上前，把耳朵凑过去。儿子一口
bǎ tā de ěr duo yǎo le xià lái bìng hěn hěn de shuō dāng chū wǒ tōu xiě
把她的耳朵咬了下来，并狠狠地说：“当初我偷写
zì bǎn de shí hou rú guǒ nǐ hěn hěn de zòu wǒ yí dùn
字板的时候，如果你狠狠地揍我一顿，
yào wǒ gǎi zhèng wǒ hái huì jì xù tōu xià qù ma
要我改正，我还会继续偷下去吗？
wǒ huì luò dào jīn tiān de xià chǎng ma
我会落到今天的下场吗？”

儿子狠狠地将母亲的耳朵咬了下来，因为如果不是母亲纵容他，他也不会继续偷下去，直到被处死。

xiǎo xiè hé tā de mā ma
小蟹和他的妈妈

shā tān shang de xiǎo dòng li zhù zhe xiǎo xiè hé tā de mā ma xiǎo
沙滩上的小洞里，住着小蟹和他的妈妈。小
xiè gāng chū shēng duì suǒ yǒu de shì wù dōu gǎn dào hěn hào qí kě yīn wèi tā
蟹刚出生，对所有的事物都感到很好奇，可因为他
tài xiǎo le mā ma bìng bù yǔn xǔ tā chū qù
太小了，妈妈并不允许他出去。

yǒu yì tiān yáng guāng hěn hǎo xiǎo xiè yāng qiú mā ma mā ma nín
有一天，阳光很好，小蟹央求妈妈：“妈妈，您
kàn jīn tiān tiān qì duō hǎo a nín jiù ràng wǒ chū qù kàn kan ba
看，今天天气多好啊，您就让我出去看看吧。”

mā ma kàn le kàn xiǎo xiè dā ying le tā de qǐng qiú xiǎo xiè kāi
妈妈看了看小蟹，答应了他的请求。小蟹开

刚出生不久的小蟹第一次走出家门，觉得一切都很新奇。

xīn de zuān chū dòng zài shā tān shang pá lái pá qù wán de kě kāi xīn le
心地钻出洞，在沙滩上爬来爬去，玩得可开心了。

zhè shí xiè mā ma hū rán dà jiào qǐ lái xiǎo xiè nǐ wèi shén me
这时，蟹妈妈忽然大叫起来：“小蟹，你为什么
yào héng zhe pá nǐ yīng gāi zhí zhe zǒu cái duì ya
要横着爬？你应该直着走才对呀！”

xiǎo xiè bù jiě de wèn mā ma zěn me cái néng zhí zhe zǒu a
小蟹不解地问：“妈妈，怎么才能直着走啊？
nín jiāo jiāo wǒ ba wǒ yí dìng gēn nín hǎo hāo er xué
您教教我吧，我一定跟您好好儿学。”

xiè mā ma háo bù yóu yù de dā ying le tā rèn wéi zhè hěn róng yì
蟹妈妈毫不犹豫地答应了，她认为这很容易
zuò dào yú shì tā lā kāi jià shi zhǔn bèi jiāo xiǎo xiè zhí zhe zǒu lù
做到。于是，她拉开架势，准备教小蟹直着走路。
kě wú lùn tā zěn me nǔ lì què zǒng shì héng zhe zǒu gēn běn jiù bù néng zhí
可无论她怎么努力，却总是横着走，根本就不能直
xíng zuì hòu tā yì shí dào le tā gēn běn jiù méi fǎ zhí zhe zǒu
行。最后她意识到了，她根本就没法直着走。

zhè shí xiǎo xiè xiào zhe duì mā ma shuō mā ma yuán lái nín yě hé
这时，小蟹笑着对妈妈说：“妈妈，原来您也和
wǒ yí yàng a
我一样啊！”

蟹妈妈摆好架势，准备教小蟹直着走，可是她不管怎么努力都没能成功。

燕子与鸟类

yàn zi yǔ niǎo lèi

cóng qián dà sēn lín li zhǎng le yì zhǒng qí guài de shù tā néng fēn mì chū yì zhǒng nián chóu de shù jiāo yào shì niǎo lèi bù xiǎo xīn pèng dào zhè xiē shù jiāo jiù huì bèi láo láo de zhān zài shù shang

从前，大森林里长了一种奇怪的树，它能分泌出一种黏稠的树胶，要是鸟类不小心碰到这些树胶，就会被牢牢地粘在树上。

dāng zhè zhǒng shù gāng gāng fā yá de shí hou yàn zi jiù yù gǎn dào niǎo lèi jiāng yào dà huò lín tóu le yú shì tā zhào jí qǐ suǒ yǒu de niǎo lèi duì tā men shuō huǒ bàn men wǒ men yí dìng yào bǎ zhè xiē shù nòng sǐ yào shì děng tā men zhǎng dào néng gòu fēn mì shù jiāo de shí hou wǒ men de sǐ qī jiù dào le

当这种树刚刚发芽的时候，燕子就预感到鸟类将要大祸临头了。于是，她召集起所有的鸟类，对他们说：“伙伴们，我们一定要把这些树弄死。要是等它们长到能够分泌树胶的时候，我们的死期就到了！”

méi xiǎng dào suǒ yǒu de niǎo dōu rèn wéi yàn zi shì zài hú shuō tā men bú xiè yí gù de shuō

没想到，所有的鸟都认为燕子是在胡说，他们不屑一顾地说：

看到能分泌粘鸟胶的树发了芽，燕子就预感到鸟类将会有灾难。

其他的鸟不是被捕捉，就是被饿死，但未雨绸缪的燕子却能平平安安地生活在人的屋檐下。

kàn bǎ nǐ xià de wǒ men zǔ
“看把你吓的！我们祖

zǔ bèi bèi dōu shēng huó zài zhè er shén me
祖辈辈都生活在这儿，什么

yàng de shù méi jiàn guò yì xiē shù jiāo
样的树没见过？一些树胶

yǒu shén me kě pà de
有什么可怕的？”

yàn zi wú nài biàn dú zì fēi dào rén
燕子无奈，便独自飞到人

lèi nà lǐ qǐng qiú bǎo hù rén lèi rèn wéi yàn zi cōng
类那里，请求保护。人类认为燕子聪

míng shàn liáng biàn dā ying le tā de qǐng qiú yǔn xǔ tā
明、善良，便答应了她的请求，允许她

hé rén lèi zhù zài yì qǐ
和人类住在一起。

jié guǒ bié de niǎo bú shì bèi shù jiāo
结果，别的鸟不是被树胶

zhān zhù huó huó è sǐ jiù shì bèi rén lèi
粘住，活活饿死，就是被人类

bǔ zhuō chéng wéi rén lèi de měi shí
捕捉，成为人类的美食，

zhǐ yǒu yàn zi xìng miǎn yú nàn
只有燕子幸免于难。

一只眼睛的鹿

森林里有一头美丽的鹿。一天，这头鹿正低着头吃草，这时，一个猎人偷偷地靠近了。他拉开弓箭对准了鹿。听到猎人发出的细微响声，鹿警觉地想跑开，可已经来不及了，猎人的箭飞过来，正好射中了他的眼睛。

鹿忍着疼飞快地逃掉了，可是，他的那只眼睛却瞎了。大森林里危机重重，只剩下一只眼睛根本防备不了来自周围的危险，于是，一只眼睛的鹿只好搬到了海边。

他想：“大海上是不会有什么危险的吧？这样，我只要用一只眼

有只鹿瞎了一只眼睛，他很难防备来自周围的危险。

睛防备着来自陆地上猎人和动物的攻击就可以了。”

这一天，一只眼睛的鹿来到海边，他用瞎了的那只眼睛对着大海，而另外一只好眼睛则紧紧地盯着陆地。

谁知，正在这时，海面上驶过来一艘大船，船上的人看到这只鹿，连忙弯弓搭箭射他。这头可怜的鹿一点都没有防备，结果一下子就被射倒了。

鹿在临死的时候，绝望地说：“唉，我真是不幸，只顾着防范陆地上的危险，没想到自以为安全的地方却更危险！”

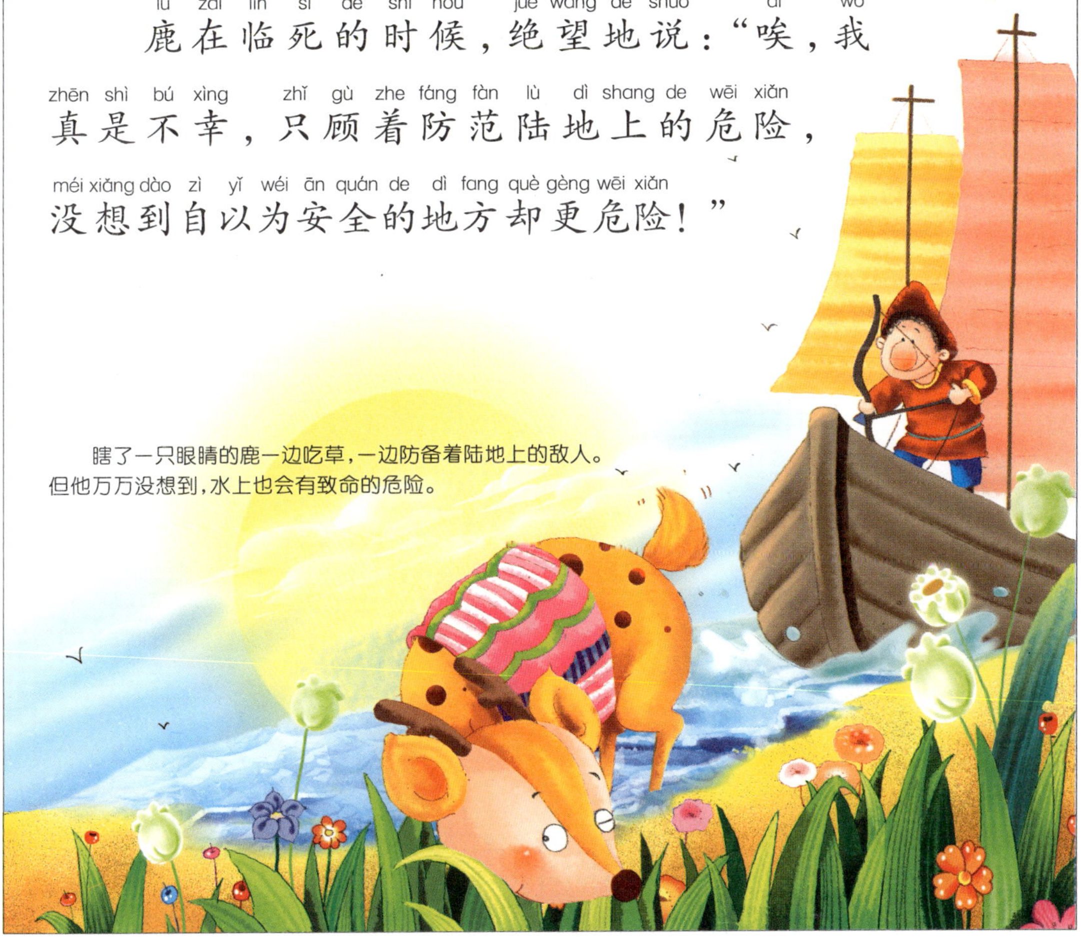

瞎了一只眼睛的鹿一边吃草，一边防备着陆地上的敌人。但他万万没想到，水上也会有致命的危险。

yú chǔn de gǒu

愚蠢的狗

cóng qián yǒu jǐ zhī gǒu tā men yǐ jīng hǎo jǐ tiān méi
从前，有几只狗，他们已经好几天没
chī dōng xi le è de tóu hūn yǎn huā
吃东西了，饿得头昏眼花。

zhè jǐ zhī gǒu yán zhe hé biān màn màn zǒu zhe biān zǒu biān sì
这几只狗沿着河边慢慢走着，边走边四
chù zhāng wàng xī wàng néng zhǎo dào diǎn er chī de zhè shí yì zhī
处张望，希望能找到点儿吃的。这时，一只
gǒu fā xiàn hé zhōng piāo zhe yí kuài hēi hū hū de dōng xi tā zǐ xì
狗发现河中漂着一块黑糊糊的东西，他仔细
yí kàn yuán lái shì yì zhāng shòu pí
一看，原来是一张兽皮！

zhè zhī gǒu xǐ chū wàng wài tā lì kè cháo tóng bàn
这只狗喜出望外，他立刻朝同伴
men dà jiào qǐ lái kuài kàn nà er yǒu yì zhāng shòu
们大叫起来："快看，那儿有一张兽
pí zhè xià hǎo le zhǐ yào néng ná dào nà zhāng shòu
皮！这下好了，只要能拿到那张兽

几只饥饿的狗真是异想天开，
居然想要喝干河水得到那张兽皮。

皮，我们就不用挨饿了。”

其他的狗听了，也非常兴奋，争先恐后地想拿到那张兽皮。可是，那张兽皮漂在河中央，离他们太远了。他们用尽了办法，也够不到。

这时，那只发现兽皮的狗提议道：“不如我们把河水喝干吧。这样我们就可以跑到河中央，取到那张兽皮了。”

几只狗一听，觉得这个办法不错。于是，他们张开大嘴，“咕咚咕咚”地喝起河水来。可是，河水怎么喝也喝不完。所以，还没等他们拿到兽皮，他们的肚子已经被河水胀破了！

这几只狗还没拿到兽皮，肚皮就已经快要被河水胀破了。

预言家

一个预言家在市场上替人占卜。这时，有人跑来告诉他，他家的门被人撬开了，家里所有的东西都被偷走了。预言家听了大吃一惊，拔腿就跑。这时，一个旁观者拉住他说：“你不是宣称能预知别人的祸福吗？怎么连自己的事情都没预测到呢？”预言家听了顿时张口结舌，一句话也说不出来了。

旁观者拉住预言家，问他怎么没有预知自家被盗。预言家听了哑口无言。

yùn shén xiàng de lǘ zǐ
运神像的驴子

yǒu ge rén bǎ shén xiàng fàng zài lǘ zi bèi shang gǎn zhe jìn chéng qù
有个人把神像放在驴子背上，赶着进城去。
yí lù shang fán shì yù jiàn tā men de rén dōu duì zhe shén xiàng zhì jìng yǒu rén
一路上，凡是遇见他们的人都对着神像致敬，有人
shèn zhì guì zài le dì shang lǘ zi yì kāi shǐ hěn nà mèn hǎo bàn tiān cái
甚至跪在了地上。驴子一开始很纳闷，好半天才
huǎng rán dà wù yuán lái tā men zài xiàng wǒ zhì jìng na
恍然大悟：“原来他们在向我致敬哪！”

yú shì lǘ zi dé yì yáng yáng kāi shǐ dà hǎn dà jiào zài
于是，驴子得意扬扬，开始大喊大叫，再
yě bù kěn wǎng qián zǒu le zhǔ rén jiàn dào zhè qíng xing
也不肯往前走了。主人见到这情形，
míng bai le qí zhōng yuán yīn lì kè hěn hěn de
明白了其中原因，立刻狠狠地
gěi le tā yì jiǎo bìng mà dào wèi
给了他一脚，并骂道：“喂，
nǐ zhè chǔn dōng xi rén men gěi
你这蠢东西！人们给
lǘ zi jū gōng de shí hou hái zǎo
驴子鞠躬的时候还早
zhe ne
着呢！”

驮着神像的驴子得意扬扬，他还以为路上的人们是在向他致敬呢。

贼和看家狗

村子里有一户人家很富有，因此被一个盗贼盯上了。可是这家人养了条看家狗，只要有一点响动，他就会狂叫不停。

一天晚上，盗贼溜进了院子。为了防止那条看家狗狂叫，盗贼随身带了几块肉。当他把肉扔给狗时，狗说道：“如果你想用几块肉就堵住我的嘴，那你就别做梦了！告诉你，想从我这里通过是绝对不可能的！”说完，他一边大叫一边向盗贼猛扑过去。

一个贼想用肉来贿赂看家狗，但他却打错了主意。

zhà měng hé māo tóu yīng
蚱蜢和猫头鹰

māo tóu yīng měi tiān wǎn shang dōu yào chū qù zhuō tián shǔ yīn wèi wǎn shang cái shì tián shǔ huó dòng de shí jiān māo tóu yīng wèi le bù ràng rèn hé yì zhī tián shǔ táo diào yì zhěng yè dōu bǎ yǎn jing zhēng de dà dà de zhǐ yǒu děng dào bái tiān cái yǒu shí jiān xiū xi fēi cháng xīn kǔ

猫头鹰每天晚上都要出去捉田鼠，因为晚上才是田鼠活动的时间。猫头鹰为了不让任何一只田鼠逃掉，一整夜都把眼睛睁得大大的，只有等到白天才有时间休息，非常辛苦。

kě shì yǒu yì tiān zài māo tóu yīng zhù de dì fang bān lái le yì zhī zhà měng zhè zhī zhà měng shén me shì er yě bú gàn zhěng tiān pā zài cǎo yè shang dà shēng hǎn jiào zhè yàng yì lái māo tóu yīng bèi chǎo de wú fǎ rù shuì yú shì tā zhǎo dào zhà měng qǐng qiú tā tíng zhǐ

可是，有一天，在猫头鹰住的地方搬来了一只蚱蜢。这只蚱蜢什么事儿也不干，整天趴在草叶上大声喊叫。这样一来，猫头鹰被吵得无法入睡。于是，他找到蚱蜢，请求他停止

猫头鹰被蚱蜢的叫声弄得心烦意乱，毫无睡意，但蚱蜢却一点也不体谅他的难处。

吵闹。可是，蚱蜢根本就不理猫头鹰，他认为猫头鹰是多管闲事，干涉自己的生活，所以他仍旧叫个不停。猫头鹰越是不断地请求他，他叫得反倒越凶。

蚱蜢往树枝上飞去，可是没等他停稳，猫头鹰就把他吞进了肚子里。

猫头鹰生气极了。于是，他决定好好儿教训一下这个吵闹的家伙。

这一天，当蚱蜢又大喊大叫的时候，猫头鹰低下头，对他说：“蚱蜢先生，你的歌声真动听，我都睡不着了。我这儿正好有一些美酒，你要是不介意，就请上来和我一起品尝吧。”

蚱蜢正唱得口渴，又被这番赞美之词弄得忘乎所以，什么也没想就飞了上去。没想到，还没等他停稳，猫头鹰猛地从树枝上冲下来，一下子把他吞进了肚子里。

zhòu sī hé hú li
宙斯和狐狸

hú li shì sēn lín li yǒu míng de zhì duō xīng wú lùn duō me jí
狐狸是森林里有名的“智多星”，无论多么棘
shǒu de wèn tí yí dào tā nà er hěn kuài jiù huì dé dào jiě jué hú li
手的问题，一到他那儿，很快就会得到解决。狐狸
de dà míng yuè chuán yuè yuǎn jiù lián zhòng shén zhī shén zhòu sī dōu zhī dào le
的大名越传越远，就连众神之神宙斯都知道了。
duì yú hú li de zhè zhǒng cōng míng hé jiǎo zhà zhòu sī fēi cháng shǎng shí jiù
对于狐狸的这种聪明和狡诈，宙斯非常赏识，就
lì tā zuò bǎi shòu zhī wáng
立他做百兽之王。

kě shì hú li yǒu gè zuì dà de quē diǎn jiù shì fēi cháng tān lán jiàn
可是狐狸有个最大的缺点，就是非常贪婪，见
dào xiǎng dé dào de dōng xi jiù huì wàng hū suǒ yǐ cháng
到想得到的东西就会忘乎所以，常
cháng dān wù dà shì yīn cǐ zhòu sī jué dìng xiān
常耽误大事。因此，宙斯决定先
shì tan hú li yí xià kàn tā tān lán de běn xìng
试探狐狸一下，看他贪婪的本性
shì bú shì huì suí zhe shēn fen de biàn huà
是不是会随着身份的变化
ér yǒu suǒ shōu liǎn
而有所收敛。

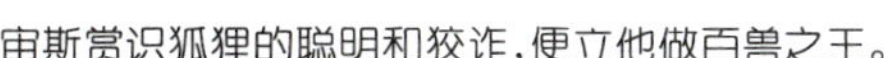
宙斯赏识狐狸的聪明和狡诈，便立他做百兽之王。

yǒu yì tiān hú li
有一天，狐狸
zuò zhe jiào zi chū mén zhòu
坐着轿子出门。宙
sī kàn dào hòu jiù rēng xià
斯看到后，就扔下
yì zhī shǐ ke làng hú li yí
一只屎壳郎。狐狸一
jiàn lián máng zhàn qǐ lái xiǎng bǎ nà
见，连忙站起来想把那
zhī shǐ ke làng zhuā qǐ lái kě yì xiǎng dào zì
只屎壳郎抓起来。可一想到自
jǐ de shēn fen tā yòu zuò huí le zuò wèi
己的身份，他又坐回了座位。

kě nà zhī shǐ ke làng wéi zhe hú li de jiào zi bù
可那只屎壳郎围着狐狸的轿子不
tíng de fēi zhe hú li zài yě rěn nài bú zhù le tā lì jí
停地飞着，狐狸再也忍耐不住了，他立即
tiào xià jiào zi zhuō zhù shǐ ke làng sāi jìn le zuǐ li zhòu sī yí kàn qì
跳下轿子，捉住屎壳郎塞进了嘴里。宙斯一看气
huài le biàn jiāng hú li biǎn huí dào
坏了，便将狐狸贬回到
yuán lái de dì wèi
原来的地位。

宙斯想看看狐狸能否改掉贪婪的本性，就从空中扔下一只屎壳郎。结果狐狸捉住屎壳郎就吃。

zhòu sī yǔ zhòng shén
宙斯与众神

chuán shuō zài dì qiú gāng gāng dàn shēng de shí hou shàng miàn méi yǒu rèn
传说，在地球刚刚诞生的时候，上面没有任
hé shēng mìng zhǐ yǒu màn tiān de wū yún hé guāng tū tū de shān mài dào chù
何生命，只有漫天的乌云和光秃秃的山脉，到处
dōu shì sǐ qì chén chén de yú shì ào lín pǐ sī shān shang de zhòng shén
都是死气沉沉的。于是，奥林匹斯山上的众神
jué dìng chuàng zào wàn wù cì yú dì qiú shēng jī
决定创造万物，赐予地球生机。

shén qí de hòu yì pǔ luó mǐ xiū sī shǒu xiān chuàng zào le rén lèi ràng
神祇的后裔普罗米修斯首先创造了人类，让
tā men zuò wéi dì qiú de zhǔ zǎi zhǎng guǎn wàn wù kě dì qiú shang de è
他们作为地球的主宰，掌管万物。可地球上的恶
liè tiān qì què bù néng bèi rén lèi kòng zhì jīng
劣天气却不能被人类控制，经
cháng guā fēng xià yǔ měi dāng zhè gè shí hou
常刮风下雨，每当这个时候，
rén men jiù yào dōng duǒ xī cáng shēng huó shí fēn
人们就要东躲西藏，生活十分
xīn kǔ
辛苦。

yú shì zhì huì nǚ shén yǎ
于是，智慧女神雅
diǎn nà chuàng zào le fáng zi gěi rén
典娜创造了房子，给人

众神见地球上没有生命，便决定创造万物。

们居住，帮助他们挡风遮雨。从此，人们有了安稳的住处，开始种起田来。

而众神之神宙斯也创造了牛，牛的力气比人大多了。在它们的协助下，人们耕作时省了不少力气。这样，人们的生活就舒服多了。

造物的工作告一段落，为了检验自己的创造，众神选举莫摩斯做裁判，来评判他们的创造。可莫摩斯非常嫉妒众神的成就，对他们的创造百般挑剔，横加指责。

他先指着牛对宙斯说：“你应该把牛的眼睛放在它的角上，这样它就能看到更远的

宙斯创造了牛，它能帮助人们耕种，减轻人们的劳累。

众神见莫摩斯对自己的杰作指手画脚，感到非常愤怒。

地方了。”

他又指着人对普罗米修斯说：“你更不对！你为什么不把人的心脏挂在他们的身体外边呢？这样一来，每个人的想法很容易就会被别人看出来，坏人就再也无法伪装了！”

最后，他指着房子对雅典娜说：“你看你，为什么不把房子装上轮子呢？那样的话，要是遇上坏邻居，就可以马上搬家了！”

莫摩斯的话惹怒了众神。于是，他们把这个喜欢嫉妒的家伙轰出了奥林匹斯山。

做客的狗

有一天，一个人大摆宴席，招待亲朋好友。他家的狗见了，也高兴地去邀请另外一只狗。他对那只狗说："亲爱的朋友，今天，我的主人大宴宾客，你也一起来吧。"那只狗听了，非常兴奋，便兴高采烈地赶来赴宴。

一见到如此丰盛的宴席，那只狗高兴坏了："太好了，真想不到天底下还有这么多好吃的！看来我今天可以大饱口福了！"

一只狗邀请朋友来参加主人的宴席，朋友高兴地答应了。

于是，这只狗一边暗自窃喜，一边摇着尾巴到处乱转，等着主人家的狗邀请他一起入席。

zhèng zài zhè shí chú shī fā xiàn le zhè zhī dào chù
正在这时，厨师发现了这只到处
luàn cuàn de gǒu tā lì kè zhuā zhù zhè zhī gǒu de hòu tuǐ bǎ
乱窜的狗，他立刻抓住这只狗的后腿，把
tā cóng chuāng kǒu diū le chū qù
他从窗口丢了出去。

nà zhī gǒu bèi shuāi de wā wā dà jiào tā chī lì de
那只狗被摔得哇哇大叫，他吃力地
cóng dì shang pá qǐ lái róu zhe shuāi téng de tuǐ huāng máng táo
从地上爬起来，揉着摔疼的腿，慌忙逃
zǒu le lù shang zhè zhī gǒu yù dào le hǎo xiē tóng bàn tā
走了。路上，这只狗遇到了好些同伴，他
men dōu wèn tā yàn huì rú hé
们都问他宴会如何。

nà zhī gǒu bù hǎo yì si shuō chū shì qing de zhēn xiàng
那只狗不好意思说出事情的真相，
yú shì jiù jiǎ zhuāng yūn yūn hū hū de shuō wǒ hē de tài duō
于是就假装晕晕乎乎地说：“我喝得太多，
yǐ jīng bú jì de jù tǐ de qíng xíng le
已经不记得具体的情形了。”

被扔出来的狗遇到同伴后，不好意思说出真相，只好推说自己喝晕了。

创世卓越 荣誉策划
Trust Joy Trust Quality

● **图书在版编目(CIP)数据**

伊索寓言/(古希腊)伊索著;龚勋主编.—昆明:云南教育出版社,2009.6
(世界经典文学名著宝库:Classics 儿童彩图注音版)
ISBN 978-7-5415-3848-3

Ⅰ.伊… Ⅱ.①伊…②龚… Ⅲ.汉语拼音-儿童读物 Ⅳ.H125.4

中国版本图书馆 CIP 数据核字(2009)第 090662 号

Fables of Aesop

伊索寓言 [儿童彩图注音版]

总 策 划	邢　涛	出　　版	云南出版集团公司
主　　编	龚　勋		云南教育出版社
文字统筹	贾宝花	地　　址	昆明市环城西路 609 号
原　　著	伊　索(古希腊)	网　　站	http://www.yneph.com
改　　写	刘　颖	经　　销	全国新华书店
		印　　刷	北京瑞禾彩色印刷有限公司
出 版 人	李安泰		
责任编辑	毛绍萍	开　　本	787×1092　1/16
设计总监	韩欣宇	印　　张	9
装帧设计	赵天飞	字　　数	78 千字
版式设计	冯　唯	版　　次	2009 年 6 月第 1 版
美术编辑	郭盟娜	印　　次	2009 年 6 月第 1 次印刷
封面绘制	画童卡通	书　　号	ISBN 978-7-5415-3848-3
插图绘制	画童卡通　文鲁工作室	定　　价	9.90 元
印　　制	张晓东		